ちくま新書

3年で辞めた若者はどこへ行ったのか

――アウトサイダーの時代

城 繁幸
Jo Shigeyuki

708

3年で辞めた若者はどこへ行ったのか
——アウトサイダーの時代

【目次】

はじめに

思えば、日本ほど不思議な国も他にない。そこらの新興国など及びもつかないほど古い歴史を持ちながら、北海道から九州、沖縄まで、どこをとっても大して変わり映えのしない町並みが続く。駅前の商店街も、湾岸の高層マンションも、なんの歴史も主張しようとはしない。なんだか誰かがつい最近、慌てて建てたかのようなところてんぶりだ。

しかも、そんな狭い国中、鉄道や郵便などのインフラはやたらと整備されていて、狭い国土をいっそう手狭にしてしまっている。二一世紀のインフラであるブロードバンド普及率も世界一で、いわば、国中が密接にリンクされている状態と言っていいだろう。

変わり映えしないという点では、住んでいる人間も同様だ。お行儀の良い子はお決まりのように偏差値の高い大学を目指し、そのために塾や私学へ熱心に通う。入学後、そういった自律の日々を忘れたかのごとく呆けてしまう点でも横並びだ。そして彼らは、三年生の終わりに突然就職活動を開始し、誰に言われたわけでもないのに歴史ある大企業の門戸を叩く。たとえば二〇〇七年就職人気ランキング上位一〇社のうち、実に六社は一五年前のバブル期とまったく同じだ。深刻な経営難が伝えられる大手航空会社は、今年もしっかりランクインしている。

しかも、その先に待っているのは、けしてエリートでもセレブでもない、ただの勤労者だ。同じようなスーツに身を固め、朝っぱらから電車に詰め込まれている人間たちを見れば、それがけして憧れるような生き方でないことくらいわかるだろう。

それでも若者たちはその群れの中に飛び込み、やがてもの言わぬサラリーマンとなっていく。まるでベルトコンベアーに乗せられたリンゴのように。日本という国は、国土も人間も、やけに平面的なのだ。そんな国に住む我々日本人は、いくつもの価値観のようなものを共有している。

ただ、共有される価値観のすべてが、普遍的、あるいは文化的本質に根ざしたものではない。というより、その時々の社会情勢が、必要に応じて生み出してきた行動規範のようなものだ。それに従うのが社会にとってもっとも都合が良く、その結果が個人にとっても「まんざら悪い話でもないから」という程度の話なのだ。

現在、我々が拠ってたつ価値観のかなりの部分も、実はその多くが戦後五〇年の間に形成されてきたものであり、長い目で見れば〝割と最近の価値観〟だといえる。そこでそれらをひっくるめて、便宜上〝昭和的価値観〟と呼ぶことにしたい。

結論から言うと、これら昭和的価値観を成り立たしめたものは、やはり戦後に確立した年功序列と終身雇用の両制度である。転職市場が未整備で、入り口以外は閉じた世界であるから、いかにレールの安定した会社に滑り込むかが最大の勝負どころとなるわけだ。「良い大学から大企業へ」という価値観の根っこは、ここにある。

もちろん、影響は教育システムだけにとどまらない。この制度下においては、雇用のイニシアチブは企業側が完全に握ることになり、社会全体において、企業の経営効率化が何よりも優先される。超長時間残業に代表される日本の異常な労働環境は、これが原因だ。殺人的な通勤ラッシュにしても、一極集中と「全員画一の出社」を求める企業エゴが生んだ副産物にすぎない。また、先進国中最大を誇る雇用の男女格差は、企業が多様化のためのコスト負担をけちってきた結果だ。かつてマルクスは賃金労働者を「資本主義社会における奴隷」と指摘したが、日本人サラリーマンは文字通り〝奴隷〟にもっとも近い存在だったといえるだろう。

ただ、それで一定の充足が得られた時代は、既に終わったのだ。転職市場は成熟し、鎖も解かれた。イニシアチブは（少なくとも他国並みには）労働者が握ることになる。

では、次に求められる〝平成的価値観〟とは何だろう。それは一言でいえば多様性だ。どこまで行っても変わり映えしない国で、どこに行っても同じような人間がいる社会であれば、みんなで同じ価値観を共有して生きることが合理的だったかもしれない。ただ、社会自体が変わり始めたのなら、価値観なんて雨後の筍なみに増えてもらって構わないはずだ。

と、まあここまではいい。ただ、言葉でそう言われても、いまいちピンとこない人も多いかもしれない。論理的な解説と主体的な認識とは、まったく別物なのだから。このテーマについて話すと「じゃあどう生きればいいんだ？」と、直接答えを聞いてくる人もけして少なくはない。中には「オススメの会社を教えてください」なんて人もいる。

もし、その人が自分とまったく同じ価値観の人間なら、ただ一言「今の会社なんて辞めてしまえ」と言えばすむ。だが、僕と同じ価値観の人間なんてそうはいない。価値観の押し付けが許されるのは、宗教だけだと思う。なにより、もっとも効率的な生き方を提示してもらい、後はそれに従うだけというのは、それこそ昭和的価値観の本道だろう。自分はどうすべきか。たとえ結論は同じだとしても、人から言われるのと自分で気付くのとでは、雲泥の差があるのだ。

かくいう私自身、昭和的価値観どっぷりの暮らしを送ってきた身だ。もっと早くに気付いていれば、と思うことも多いが、少なくとも当時、それを教えてくれる人は周囲にいなかった。

現在、政府や各種NPOは若年層に対し、仕事塾や就職カウンセリングといった形で仕事観を与えようとしている。もちろんそれ自体はいいことなのだが、ともすればそれは、昭和的仕事観の押し付けとなっているきらいがある。「働くことはいいことだ」は正しいのだが、「楽しい仕事なんてないんだ」「若いうちは苦労しろ」とくると、これは一種の洗脳に近い。

上の世代に比べれば、（若年層全体としては）確かに就職観は大きく変化しているには違いない。ただ個人的には、それは就労意欲の低下ではなく、昭和的仕事観の希薄化だと考えている。彼らには先の無い価値観ではなく、新しい価値観を示す必要があるのだ。

そこで自分としては、若い世代に対し、昭和的価値観に従わず生きる人たちの仕事や人生観を紹介することで、若者が平成的価値観をはぐくむ手助けとしたい。彼らはどのような壁に直面し、何を目指してレールを降りたのか。そして今後、企業や社会が目指すべき改革とはどのようなものか。彼らアウトサイダーの言葉からは、きっとそれらの方向性が見えてくるはずだ。

第一章 キャリア編

ここ一〇年ほどで、キャリアという言葉はずいぶんと身近になった気がする。キャリアとはあえて訳せば職歴、つまり企業の中でその人が何をどれだけ経験してきたかという物語のようなものだ。従来、それは会社から一方的に与えられるだけのものでしかなく、個人がどうこう言えるものではなかった。だから、普段使う言葉としては定着することもなかったわけだ。

それがこれだけ一般に普及したということは、それだけ終身雇用が崩れ、自分のキャリアを意識する人が増えた証でもある。地位にせよお金にせよ、もはや黙って座っているだけでは、望むものは手に入らない。

そうはいっても、いまだ日本の本質は年功序列であることに変わりはない。社内公募や職種別採用など、従業員が自己のキャリアをデザインするためのシステムもぽちぽち広がりつつあるが、なかなか望むキャリアを手に入れるのは難しい。

本章では、自分の目的地を定め、自己の力でそれを手にした人を取り上げたい。転職によりそれを手にした人もいれば、もともと年功序列などとは無縁の世界で勝ち取った人もいる。また中には、企業の中でそれを見出した人もいる。彼らはどういう壁に行き当たり、どうやってそれを乗り越え、何を求めたのか。恐らく多くの人にとって、彼らの言葉はもっとも貴重なアドバイスになるはずだ。

昭和的価値観1「若者は、ただ上に従うこと」
――大手流通企業から外資系生保に転職、年収が二〇倍になった彼

「あなたのお仕事は何ですか?」

二〇歳を超えた男が、日常生活においてもっとも頻繁に受ける質問はこれに違いない。銀行や役所の受付で、職員たちは来訪者の仕事を尋ね続ける。警官たちは路上で、あなたは何者でどうやって暮らしているのかと、いらぬ世話をやいてくる。初対面の女性たちも、まずは仕事を聞いてくるものだ。彼女たちは異性の仕事を聞き出しては、おおまかなランク分けをする術を心得ているらしい。

もっとも、相手の職業を知ることは、初対面の他人を知るファーストステップとしては悪くない。ただこれは、僕という人間を知っているはずの人間にもあてはまる。雑誌や新聞の記者たちも、僕という人間を紹介する適当な言葉が見つからず、取材のたびに同じような質問をぶつけてくる。

「あなたの肩書きは何ですか?」

彼らが戸惑うのも無理は無い。なぜなら当の本人さえ、自分の仕事が何なのか、いまだによくわかってはいないのだから。

たとえば作家や評論家という肩書きには、なんだか違和感をおぼえる。かといってコンサルタントと言われても、あまりしっくりこない。実際にはコンサルよりも、執筆にかけるエネルギーの方がずっと大きいためだ。

そう思って会社をつくった。これなら、とりあえず会社経営と言っておけば話は済む。経営者という職業は、いろいろな業務を含むものだ。そして僕自身、原稿執筆から講演まで、いろいろな業務をこなして飯を食っている。

実際のところ、もっとも頻度の高いオファーは講演だ。社内研修の一環として、あるいは企業が主催する顧客向けのイベントの中で、人事制度や労働問題についてあれこれ話をするわけだ。対価を支払う以上、当然、依頼主にはそれなりの目的がある。社員向けの研修であれば、それは社員の意識を高め、より効率的に働いてもらうためであり、社外向けのイベントの場合、人を集めてビジネスにつなげようという腹積もりなわけだ。

つまりどこかしらに、ビジネスという〝生臭さ〟のようなものは必ずある。

そんな日々の業務の中で、その仕事のオファーだけは、少々変わっていた。

「〝働くということ〟をテーマに、若者向けに講演をして欲しい」

参加を広く呼びかけるオープンエントリー式で、特定のターゲットが対象ではない。高額の参加費を徴収するわけでも、まして会場でセールスをするわけでもない。依頼者に利益が無いどころか、会場代金や宣伝費用を考えれば、それなりの出費になるはずだ。

なんというか、要するに、生臭さがどこにも感じられないのだ。

「なんだか変わった依頼だな」

と思いつつ、依頼主に興味が湧いたのも事実だ。変わっていると感じられるということは、それは日常の価値観からずれているということでもある。そこにはなにかしらのアウトサイダー臭が漂う。もしかすると、何らかの平成的価値観に出会えるかもしれない。

†大手流通グループを五年で退職した理由

「地域活性化のためには、企業が元気にならないといけない。そのためには、若い力が必要なんです」

この仕事の依頼主でもある濱田一男氏は、オファーを出した目的をそう語ってくれた。彼は大手外資系生命保険会社の大阪セントラルエージェンシーオフィス代表であり、同時に、〝大阪を元気にする会〟という経営者組織にも参加している。

今、日本はイザナギ超えと言われるほどの好況だが、そう言われても実感の無い人のほうが多いかもしれない。理由は地域差だ。一九八〇年代までの好況と違い、地域ごとの格差が鮮明に出てきているのだ。人もモノも金も、みな東京を中心に動いている。

そんな中、大阪は緩やかに凋落し続けている。大阪をルーツとする大企業であっても、本社機能を東京に移した企業は少なくない。

「でもね、名古屋は東京に負けていない。次々に新しいモノを生み出し、人も仕事も集まってくる。なぜ同じことが大阪でできないのか。行政にしろ大企業にしろ、沈んでいるのがわかっているのに、新しいことに挑戦しようとしない。それが悔しいんです」

と、今年四五歳の濱田氏は熱く語る。

彼自身、これまでけっして平坦な人生ではなかった。

大学を出て最初に就職したのは、某大手流通グループ。現在も流通業界の雄として君臨する大企業だ。ただ、社名とは裏腹に、仕事は単調で辛いものだったという。

「会社の業績と個人の幸福度は、必ずしも比例はしないんです。いや、社員が幸福でないからこそ、業績がいいのかも」

新人の彼を待っていたのは、ものすごい量の業務と、それに見合わない賃金体系だった。職場を見渡せば、疲れきった顔で、家族を養うために働く中高年の姿があった。四〇歳を過ぎても、給料なんて大して上がりはしないのだ。

「正直、ああはなりたくなかった」

将来のライフプランが見えない中で、上司はお決まりのセリフを繰り返すだけだ。

「甘い考えなんて捨てろ。仕事にやりがいなんて求めるな。派手なアフターファイブも、高級外車も、ドラマの中だけの話。実際には、これが社会の現実なんだ」

本当にそうだろうか……疑問はあったが、外の世界を知らない若者にとっては、上司の言葉は山よりも重い。まして、現在のようにネットなど無い時代だ。情報は、自分の目で見ることのできる世界に限られてしまう。

「休みも不定期で友達とも会えないから、どんどん世界が狭くなっていくんです。部屋と店舗の往復だけ。仕事の話も、同僚としかしないから、次第にそういう価値観に染まってしまう……それがとても怖かった。今思うと、筒の中を走り続けるハムスターみたいなものですよ」

結局、彼は五年で退職してしまう。まったく別の世界を経験するために、次に選んだ会社は、もちろん別業種。現在の外資系生保だ。

「仕事はメチャクチャ大変でしたね。〝若いから〟というのは理由にならない。でも、どんなにきつくても、将来の夢があるというだけで満足でした」

すぐに営業マンとして頭角をあらわした彼は、三〇歳で営業マネージャー、三三歳でオフィスマネージャーと、とんとん拍子に昇格する。現在のポストについてからは、報酬は前職の二〇倍を超えた。

「この業界、仕事は非常に大変です。完全実力主義ですから、誰にでも公平にチャンスがある分、責任も担わないといけない。一〇人採用したとしても、一〇年後残っているのは三割いればいい方です」

それでも、濱田氏はあることを若者に強く訴えたいという。

†若者にどうしても伝えたいこととは?

「きついだけで将来の希望が無い世界……その中でうつむいてしまっている若者は多いと思う。でも、それだけじゃないんです。一歩踏み出せば、夢も希望も持てる世界が広がっているんです」

彼が若者にこだわるのには理由がある。それは、彼自身が経験したある変化だ。

転職し、若くして衣食住が足りることで、今までに無い新しい動機が芽生えたのだという。ただ目の前のビジネスだけではなく、組織全体は、そして社会はこうあるべきだ、という理想のようなものだ。

「昔はそんなことなど想像もしませんでしたよ。毎日生きるのに必死でしたから」

マズローのモチベーション理論にあてはめてみるとわかりやすい。人間の欲求は、衣食住などの五段階に序列づけられ、下位のものが充足されると、上位に移行するという理論だ。つまり、社会的に成功をおさめた人間は、必然的に〝より高い理想〟を追求することになる。ハムスターのように筒の中で走り続けているだけでは、見えないものもあるのだ。

重要なのは、そういった「+αの志」を、組織の中で若者がもてないことだと、濱田氏は言う。

「官の天下りや年金問題等、日本という国の抱えている課題って、何十年も前から変わらないでしょう? それは若い人に余裕がないからですよ」

組織の中で、下っ端としてこき使われるだけの存在なら、志など必要ない。いや、たとえ理想を持っていたとしても「現実を受け入れろ」と囁かれ続けるうちに、それは錆び付き、やがては用をなさなくなる。最後には、ただ組織の意志に従うだけの歯車が出来上がってしまうのだ。

企業にせよ行政にせよ、年功序列型の組織の中には、そうやって前例に凝り固まった〝かつての若者たち〟が大勢いる。そんな歯車ではなく、若い志を組織の中に育てること。

それこそ、大阪が、そして日本が活力を取り戻す道だと、濱田氏は考えている。

「うちのオフィスは今年も絶好調ですよ。もちろん、若い力のおかげです。同じことを日本全国でやれば、日本の将来もきっとバラ色でしょう」

ところで、彼の話を聞いていると、保険会社のマネージャーというよりも、なんだかどこかの教頭先生の話でも聞いているような気分になった。

「まあ仕事とは直接関係はないですね……新しい名刺でも作りますか（笑）」

自分の肩書きで迷うのは、彼も同じらしい。

昭和的価値観2「実力主義の会社は厳しく、終身雇用は安定しているということ」
――新卒で、外資系投資銀行を選んだ理由

かつては新卒で大企業に入社し、そこで定年まで働くことこそ、もっとも勝ち組とされた生き方だった。〝かつて〟といってもそんなに大昔ではない。今から一〇年ほど前までの話だ。事実、自分の学生時代を思い返しても、民間企業への就職を目指す人間の多くが、都銀への就職を望んでいた。九〇年代半ば、都銀ほどステイタスがあり、安定した企業は他に無かったからだ。

だが時代とともに、価値観の構図は変わっていく。政府による不良債権処理政策と規制緩和政策は、金融全体を巻き込んだ一大地殻変動を引き起こし、都銀はメガバンクとして再編されることになる。その過程で〝勝ち馬に乗った〟はずだった多くの人間が、失望と共に銀行を去るか、あるいはふるい落とされていった。

では二一世紀の勝ち組とはなんだろう。現在、金融業界では直接金融への流れを受け、人も

カネも、邦銀から外資系や新興の証券会社へとシフトしている。後者の中に、新たなエリート層が形成されつつあるのは間違いない。

もっとも、ビジネスにおけるこういった栄枯盛衰は、常にグローバル競争にさらされてきた製造業などでは、昔から日常茶飯事だった。長く規制で守られてきた金融業が、本来の過酷な自由競争に立ち返っただけの話だろう。

ここで注目したいのは、この急速に台頭しつつある新たな金融エリート層が、従来のそれとは違い、年功序列のDNAをまったく持ち合わせていない点だ。欧米の金融業がそうであるように、彼らは数字という結果にすべての責任を負う。将来の出世というような暗黙の了解はなく、報酬はタイムリーにキャッシュで支払われる世界だ。

以前にも書いたように、平成的価値観とは、多様性である。年功序列というレールが無い以上、進む道は自分で決めねばならないためだ。そんな中、彼らなら、平成的価値観の一つの究極の姿を示してくれるに違いない。途中で覚醒したのではなく、最初から年功序列など知らない〝外の世界の人間〟なのだから。彼らの目には、人生はどのように映っているのだろう。

†学生が邦銀を避け出したのはなぜか

「はじめまして」

待ち合わせ場所に現れたのは、意外にごく普通の青年だった。というのも、「年功序列とはまったく無縁な世界の人間を」と頼んでまわって、偶然、まったく別の二つのルートから紹介されたのが彼だった。だから、なんとはなしに、世の中すべてを数字の羅列で見ている、ターミネーターのような人間を勝手に想像していたのだ。

ただ、話す内容は、同年代の若手サラリーマンとはさすがにレベルが違う。

「朝七時半から香港の上司とミーティングがあるので、それまでにはその日の情報を頭に入れておかないといけない。休日も常にニュース速報には注意していますね。世界は休み無く動いていますから」

畠山氏（仮名）は日系の新興ヘッジファンドに勤務する二八歳のアソシエイト（外資系金融機関等における中堅社員の呼称）だ。彼の所属するファンドは、現在数千億円ほどの資金を運用している。チームは二〇人ほど。全員が数千万円〜数億円の年俸を受け取っている。

「報酬はそれなりに頂いています。でも厳しい世界ですよ。裁量権があるから、どこまでやるかは自分次第。楽をしようと思えばできるけど、そうするとすぐに切られるでしょう」

そんな彼も、七年前まではごく普通の学生だった。彼が完全実力主義の世界を目指したのは、就職活動がきっかけだったという。ちょうど金融ビッグバンの名の下に、金融行政において、各種の規制が取り払われた年だった。変化の波は、すぐに学生の間にも押し寄せてきた。

「それまではゼミの中でも都銀就職者が一番多かったんですが、ちょうど一つ上くらいから、外資系の投資銀行や証券に進む人間が目立ちはじめましたね」

彼らが邦銀を避ける理由は、その体質にあるという。

「すごいんですよ、邦銀は。入行して最初の三ヶ月、ずっとATMにお金を入れる仕事だけをやらせたり（笑）。そういう愚痴をOBから聞かされて、行こうと思う学生なんていませんよ。今じゃあ、自分のいたゼミで、第一志望を邦銀にする人間なんてまずいない」

実際、彼が新卒で入社した米系投資銀行では、年齢は重要な要素ではなかったという。セルサイドのアナリストとして、彼は三年目の二五歳で一つのセクター（産業）を任された。

「日系の証券会社だと、早くて三五歳くらい。手に職をつけるという点で、最高の職場でした」

彼が働く上で常に心がけていることが一つある。それは〝自分の市場価値を高めていくこと〟だ。

「確かに、雇用に関するリスクは邦銀なんかよりも高いでしょう。たとえば、ランチを取ってオフィスに戻ろうとしたら、IDカードが通らない。磁気不良かなと思ったら、なんのことはない、午前中でクビになっていた、なんて話はよくありますよ」

だからこそ、仕事の軸足は、自己のキャリアを伸ばし、市場価値を高める点に置くべきだと彼は言う。一見すると組織の利害と対立するようにも思えるが、結果を見る限り、それはむしろ逆だ。滅私奉公型の組織人は、少なくとも変化の激しい金融業において、転職市場における価値はゼロに等しい。

†自分の市場価値を考えたことがあるか

「邦銀やメーカーに就職した同期なんかと話すと、ものすごく度胸があるなって感心します。だって、自分の市場価値のことなんて、まったく考えていない。将来会社が潰れたりしたら、絶対路頭に迷うはず。なんでそんなに他人に人生を任せられるのか。私に言わせれば、ああいう生き方のほうがはるかに高リスクな時代でしょう」

彼の言葉は鋭く真実を突いている。

実力主義の世界で勝負した人間は、なんだかんだいっても、皆それなりの仕事に就いている。これはもっとも厳しい競争組織であるとされる外資系金融でも同様だ。三〇代で離職する人間は少なくないが、その多くはキャリアを活かし、事業会社のポストにつく形でキャリアアップをしているのが現実だ。

一方で、安定を選んだはずの年功序列企業の人間ほど、実際には生活が破綻するケースが多い。若いうちはまだいい。それに、必ず定年まで勤められるなら、十分リターンは得られるだろう。

だが四〇歳を超えて離職せざるをえなくなったとしたら、どうだろう？　恐らく、彼に市場で通用するような人材価値は無いだろう。

「年功序列企業のほうが、長く安心して働ける」などというのは、もはや年寄りの妄想でしかないのだ。

『会社を信じてずっと働いてきたのに、裏切られた』という叫びを、僕はある日本企業で、実際に耳にした経験がある。だが、それを本当に一方的な裏切りと言えるだろうか？

「会社と個人は、ギブアンドテイクの関係。報酬をねだるだけではなく、会社から求められるグレードを常に満たし続けるのも、従業員の義務でしょう」

少なくとも彼の職場には、裏切られたと嘆く人間はいない。

「もし明日解雇されたとしても、私には来週から別の投資ファンドで働ける自信がありますから。キャリアというのは、本来そういうものだと思いますよ」

日本においては、経理もSEも営業も全部ひっくるめて、サラリーマンという一つの職種とみなされてきた。本来はアカデミズムに対して忠勤を尽くすべき大学教授の中にも「自分はサラリーマンですから」なんておっしゃる人がいるほどだ。世界中見渡したって、こんな国は他にない。労働者は自分のキャリアについては会社に下駄を預け、かわりに定年まで一定の出世付きで保護してもらえる。だから何をやっているかではなく、どの会社にいるかが重要だったのだ。日本人のキャリア意識が恐ろしく希薄な理由はここにある。

では、キャリアとはそもそもなんだろう。あえて訳せば職歴となるが、もちろんそれだけでは意味として不十分だ。そこには自分の意志でキャリアを積みあげるという主体性が抜け落ちている。

確かに、企業側もイニシアチブを労働者側に譲るシステムを整備する必要があるし、教育もそれに応じて変わっていく必要がある。だが最も重要な変化は、労働者自身の意識の変化だ。与えられるのではなく、望むキャリアを自分で手に入れること。自由を手に入れるためには、義務を担う決意もまた必要なのだ。

ひとしきり仕事の話を終えてからは、プライベートに関する雑談に花が咲いた。いたって普通の青年である彼だが、一つだけ強く印象に残った点がある。将来の家族計画について話した時のことだ。

「子供はたくさん欲しいですね。できればサッカーチームが作れるくらい(笑)」

今、何かと問題になる出生率低下に、個人の所得水準が深く関係しているのは間違いない。たとえば、三〇代男性の正社員と非正社員では、既婚率に倍の開きがある。そういう意味で言えば、たしかに畠山氏は、経済的な不安とは無縁な人間なのは間違いない。

ただ、豊かさとは所詮、相対的な基準でしかない。自分が完璧に満ち足りた絶対的富裕層だと感じられる人間が、いったいこの世にどれほどいるだろう？　たとえば、起業して上場までこぎつけ、一〇億以上の資産を持ちながらも、寝る間を惜しんで蓄財に励む経営者は多い。中には更なる業務拡大を目指すあまり、道を踏み外してすべてを失う者もいる。豊かというだけで、人はけして幸せにはなれないのだ。

彼の強さは、そんなあやふやな自信からきているとは思えない。収入といった相対的なものではなく……もっと絶対的で、本質的なもの。それは、簡単に言うなら、他人任せではなく、自分で舵を取るという決意だ。船倉でただ波風に祈るのではなく、手足を動かし汗をかく実感。それこそ、人間が本来持っていた生の強さの根源であるはずだ。

舵を握る手に汗をかかなくとも、安定した暮らしを送れた時代は既に去った。

我々にできることは、終わってしまった過去を懐かしむよりも、強く生きることではないか。

「今の仕事は面白くて仕方がない。できれば、八〇歳くらいまでは続けたいですね」

航海の終わりは、まだ遠い先のようだ。

昭和的価値観3「仕事の目的とは、出世であること」
――大新聞社の文化部記者という生き方

ある年のこと。さる新聞社から取材の依頼を受けた時の話だ。テーマは新しく出したばかりの本について。出版されて間もない頃だったので、こちらとしても渡りに船という気分で、待ち合わせ場所に出向いたのをおぼえている。

待ち合わせ場所に現れたのは、三〇代前半の温厚そうな男性記者だった。

面と向かい合うと、何とは明確に言えないが、なんとなく軽い違和感のようなものを感じた。

レストランの席に座って、名刺をもらってから、ようやくその理由に気付いた。

『〇×新聞社』

あまりにも有名で、あまりにも〝お堅い〟全国紙の社名が輝き、その下にささやかに個人名がプリントされている。違和感とは、社名と本人のイメージのギャップだったのだ。

面白いことに、新聞記者というのはある程度長く勤めるうち、社風（というか紙風と呼ぶべきか）が個人にも色濃く現れる。考え方から価値観まで、紙面の論調に似てくるのだ。理由は、彼らが年功序列の世界の住人だという点にある。

あまり知られてはいないが、新聞社というのは非常に古い体質を持っている。特に人事制度なんてもっとも古い業界の一つと言ってもよく、ほぼ完全な年功序列だ。その新聞社の人事制度も概要は知っていたが、新聞社らしい〝昭和的〟制度だ。

一応フォローしておくと、この場合「だから彼らはダメだ」というつもりはない。新聞社なんて、「広告とって記事を書く」というビジネスモデルは、創業以来まったく変わっていない。くわえて、記者という職業は、経験を積めば積むほどスキルが上がる数少ない職人芸でもある。メーカーなんかと違い、彼らが年功序列制度を維持するのは、それなりに合理的とも言えるのだ。

ただ、弊害もある。こういうシステムの中で生きていくと、人は知らず知らずのうちに組織のカラーに染まっていく。序列の下位から一つ一つ仕事をこなしてランクを上げていくわけだから、その過程で枠にすっぽりはまってしまうわけだ。たまに枠に収まりきらない人間も混じり込むが、そういうタイプは必ず途中で干されることになる。かくして、年功序列のとじた世界の中では、一つの価値観が幅を利かせることとなり、多様化は望むべくもない。それはジャーナリズムにとって幸か不幸か。それについては別項で考えたい。

その新聞社の記者について言えば、そろって精力的で、どこか攻撃性すら感じさせるほどギラギラしているタイプが多い。今、目の前にいる彼は、明らかにそういったほかの記者たちとは〝異質〟な存在に感じられた。

「ところで、昭和的価値観に続く〝平成的価値観〟て、どのようなものでしょう？」

彼の最後の質問に対する答えは、この旅の目的でもある。

「うーん、一言でいうなら、多様性でしょうか……要するに、仕事一本って人生だけじゃないってことですかね」

わかったようなわからないような顔で、彼はインタビューを終えた。

†自分の価値観で生きている人間

ひとしきり仕事の話を終えた後は、世間話に花が咲く。今度はこちらが話を聞く番だ。会社の話だとか、大学の話など。どういうバックボーンがあり、今の会社をなぜ選択したのか。そして、今の仕事に満足しているか。組織や人事を知る上で、個人のバックボーンを知ることも重要なのだ。

「ところで、今の担当業務について、どう思われてますか？」

これは実は、最初から聞きたくてウズウズしていた質問だ。その新聞社の中では政治部が王道とされていて、「出世するのはそこでキャリアを積んだ記者」というのが定番だ。言っちゃあなんだが、文化部あたりだと少々傍流の感もある。本人がどう思っているのか、個人的に興味があった。

「書評というのは、面白いんですよ」

少し間を置いてから、彼はゆっくりと話し始めた。まるで僕だけではなく、自分にも話しかけるように。

「今、日に三〇〇冊の新刊が世に出ます。もちろん、その多くは書店に一週間も並ばないまま姿を消す消費物なんですね。ただ、私は少なくとも、自分が世に出すべきだと考えた書籍を、新聞を使って取り上げることができる。自分が必要だと思った本が、社会でも反響を呼んでいるのを見るのは、とても幸せなことなんです。今の仕事にはとても満足していますよ」

ああ、なるほど……彼は〝組織の価値観〟に染まらず、自分の価値観に従って生きている人間なのだ。どんなに高給をもらおうと、どんなに優良企業であろうと、組織の中で働くということは、程度の違いこそあれ、必ず自己を押し殺すことを伴う。そして日本企業において、その程度は甚だしく高い。

かつて、昭和的価値観において、企業の中には〝一本のレール〟しかなかった。新入社員から始まり、横一列で一段一段登っていき、頂点は経営陣にまでつながる一本道。プレイヤーとして現場に残りたい人も、マネージメントなどには興味がないという人も、例外なく従うしかなかった。なぜなら、他に道などなかったからだ。

だからこそ、企業は均質で当たり障りのない人材を最優先で採ってきた。おかしな話だが、学生を面接する時、「将来部長が務まるか」なんて視点で判断する企業はいまだに少なくない。確かに部長ポストがゴールだとするなら、それはそれで一つの典型的な昭和的人生だったかもしれない。

ただ、それだけで必ず人生モデルが完成する時代は終わったのだ。ならば、みんなでドッグレースの犬のごとく、同じコースを全力疾走する必要などないだろう。多様性とはそういう意味なのだ。なにも、起業したり完全年俸制の企業でバリバリ稼ぐことだけが、けして平成的価値観ではないのだ。

そのことを話すと、彼もまた納得したような顔をしていたことをおぼえている。

「なるほど。言われてみれば、出世のためにいい記事を書くなんて、本末転倒ですよ」

よく、スキルアップのために休日を犠牲にしてスクールに通うビジネスマンがいる。あるいは結婚資金をはたいて、海外のMBAに留学する人間もいる。もちろん、それが望みなら止めはしない。がんがん頑張ってみればいいだろう。ただ、自分のものではない何かにせかされているのだとしたら。

いっそ諦めてみるといい。何かを諦めることで、きっと別の何かが見つかるはずだ。

昭和的価値観4「ＩＴ業界は３Ｋであるということ」

——企業でなく、ＩＴ業界に就職したという意識を持つ男

年功序列制度は、長く日本における人事・賃金制度のスタンダードだった。最近はやれ成果主義だの目標管理だのと言われてはいるものの、本質的な部分では、それは相変わらず微動だにしていない。新人は横一列からスタートするし、大企業の社長さんは、みんな壮年の男性ばかりだ。

もちろん、だから日本企業は全部ダメだなどと言うつもりはない。年功序列制度とは、年を経ていれば経ているほど、能力が高くなるという前提のシステムである。それが文字通り体現されているのなら、これほど合理的なシステムは他にない。要するに、年功序列制度には、合う業種と合わない業種が混在しているわけだ。

ちなみに、もっともこれが合わない業種とは何だろう。ベテランというだけでは価値をもてない業種、変化が蓄積よりも重要なビジネス。ＩＴこそ、その代表だろう。新興のＩＴ企業の

中には「エンジニアの三五歳限界説」を唱えている企業すら存在する。

ところが、日本のIT企業の多くが、相変わらず年功序列制度を維持し続けている。特に歴史ある大企業ほど矛盾は深刻だ。大型の汎用機を売っていた往年の営業マンがIAサーバーの販売を統括し、ワープロを作っていた元技術者がPCビジネスの舵を取る。そして彼らの下には、同じような世代の中間管理職たちが群れを成し、最前線で戦う若手との間に壁を作る。

こういったピラミッド型の組織で起きていることを一言であらわすなら、それは伝言ゲームだ。役員が会議で発したセリフが、末端に下りてくる頃にはまったく違った意味として伝えられる。現場から上げられた企画書は、階層化した管理職を経るうちに、堂々巡りして当初の案に戻ってくる。そして、一つのアクションを起こすまでに半年近くかかるうち、ビジネスはもう手の届かない先まで流れていってしまう。

今でも、日本のモノ作りは世界一と言っていいが、ことITの分野においては、世界市場に通用する製品は皆無だ。その裏には、こういった事情があるのだ。

ただ、そういった日本企業の中にも、問題意識を持って現状を打破しようと孤軍奮闘している人間はいる。彼は日々、何と戦っているのか。そして、彼の視線の先にある理想の企業像とは、どのようなものなのか。

†日本のITはSEの人材派遣業

「ITビジネスにおいて何よりも重要なのはスピード。だから競合だけではなく、時には企業同士タッグを組んで、互いの長所を生かすアライアンスが重要なんです」

NECソフトウェアビジネスグループにおいて、ブランドマーケティング・マネージャーを務める池田秀一氏はこう語る。企業間のアライアンスやパートナー制度推進の責任者だ。日本オラクルをはじめ、日米のIT企業で二〇年以上働いたキャリアを買われ、一昨年NECに入社した。いわば日米のITビジネスを知り尽くした彼の目に、日の丸IT企業群はどのように映っているのだろう。

「アメリカのIT企業は、どんなに小さくても、必ず何か一つは独自技術を持とうとする。逆に日本では、とりあえず大手の系列に潜り込もうとする。簡単に言えば、日本のIT産業は、巨大なゼネコンみたいなものなんです」

本来、ITには「小よく大を制す」というイメージがある。スピードと革新が重要なフィールドなのだから、独自の技術や製品を持てさえすれば、あっという間に世界を制することも可能だ。実際、マイクロソフトやグーグルはその代表だろう。

ところが、日本のIT企業にはそれがない。モノ作りへの意欲といったものが、決定的に欠けているのだ。日本のITビジネスは、NECや富士通、日立といった大企業を頂点とし、数千社の企業が下請け、孫請けする形で成り立っている。会社内もピラミッドなら、企業群もまたピラミッドを成しているわけだ。まさにゼネコンと言っていい。

「そういう意味では、日本のIT企業は、モノ作りより人材派遣業と言ったほうが近い。リスクのある開発よりも、仕事を請け負い、SEを派遣することで安定した利益を得ようとする。モノを作りたくて作った会社が、いつの間にか会社を維持するための会社になってしまっているんです」

だが、〝SEの派遣業〟はけして美味しい仕事ではない。大手は契約獲得のために、ぎりぎりの利益水準で(時には採算を度外視してでも)クライアントからの受注を目指す。当然、しわ寄せは系列の下流に行くほど大きくなる。しかも、近年は中国やインドといった新興IT国の台頭で、さらにダンピングに拍車がかかっているのが実情だ。

いまやITは3K(きつい、汚い、かっこ悪い)の代名詞となってしまった観すらある。下請けに専念するだけでは、明るい未来はないのだ。では、なぜ日本のIT企業はモノ作りを捨てたのか。一つには銀行主体の間接金融制度の存在がある。彼らはリスクを評価する能力も意欲もないから、企業に対して保守的な経営を求めがちだ。だが原因は企業自身の体質にもあると、池田氏は考えている。

「僕自身はＩＴが好きで、この〝業界〟に就職したと思っている。でも、他の人、特にポストにつくような偉い人はそうじゃない。会社は好きだけど、仕事は嫌いという人が多い」

新卒で入社し、定年までその会社で働くことが、かつての日本における代表的な人生モデルだった。だから「何でもやります」という若者を企業も優先し、学校側も企業の期待に応えるべく、そういった人材を輩出し続けてきた。昭和的価値観において、重要なのは仕事内容ではなく、会社名だったのだ。

「日本企業だと『部長になったから、これからはマーケティングをやりたまえ』なんて言われるわけです。だから、やりたくもない人が、本で齧っただけのマーケティングを嫌々やっている。そんなことやってたって上手く回りっこない」

年功序列だと、まず序列ありきだ。担当する仕事は、後から序列に従って割り振られることになる。こうして、嫌いな仕事も不得手な仕事も、黙々とこなすサラリーマン達によって、会社は動いていくことになる。それでなんとかここまでやってこれたのだから、日本企業は偉大なる素人集団と言えるかもしれない。

†二一世紀のインフラ、ＩＴに夢はあるか？

だが、もうこれ以上は無理だ。グローバル化で世界がつながってしまった以上、コストカットだけでは、中国やインドには絶対に勝てない。そして、柔軟な組織と戦略が無ければ、独自性という点でも、アメリカの足元にも及ばない。それをやり遂げたいという熱意と、それだけの能力のある人間にプロジェクトを任せるシステムを作らなければ、日本のＩＴはそう遠くない将来、間違いなく滅ぶだろう。既にその芽はあらわれている。求人倍率が上昇する中、ＩＴ業界は軒並み採用予定数の確保に苦しんでいる。無理もない。好況で選択肢の多い中、３Ｋと呼ばれる業界に飛び込む必要など無いのだ。

高度成長期、基幹産業であった鉄鋼や造船業には、厳しくとも夢があった。だが、二一世紀のインフラと呼ばれるＩＴには、何も無い。根っからのコンピューター好きで、元秋葉っ子の池田氏にとって、そんな国内ＩＴ事情はとても歯がゆく感じられる。

「特撮やアニメに出てくるような未来のシステムを作りたいと、ずっと考えていましたね。その思いは今も変わらない。だから、作業の効率化しか頭にない今のビジネスは、絶対におかしいと思う。血も汗も、もっと未来へ向けて流すべきだと思うんです」

九九年、池田氏はオラクル初のＬｉｎｕｘ版立ち上げを提唱し、翌年はその開発と販売を手がけるミラクル・リナックス社設立に参加した。オープンソースの普及こそ、夢を形にする鍵だと考えたためだ。一段落した一昨年、新たな活躍の場をＮＥＣに移した後も、彼の目的地は変わらない。

「最後はやはり、N（NEC）とF（富士通）とH（日立）。この三角のうちのどれかを動かさないと、IT業界のピラミッド構造は動かないでしょう」

MSやIBM、オラクルといった世界企業と戦うには、狭い国内でドングリの背比べをしていてはダメだと、池田氏は言う。

「僕はね、富士通の製品をNECで売ったっていいと思ってるんです、NEC製品と富士通の製品を組み合わせてね。そうして国内シェアを押さえた上で、今度は世界に打って出る。それによって、お互い今よりずっと多くの利益を得られるでしょう。こんなこと言ったら、頭の固い人に怒られそうですけどね（笑）」

普通の会社人からは、逆さにして振っても出てこないようなセリフが、彼の口からは次々に飛び出る。恐れてはいない。なぜなら、彼はプロフェッショナルだからだ。黙々と会社に従うだけの人間なら、会社も必要とはしないだろう。事実、今でも彼の元へは、いくつものヘッドハンティングのオファーが舞い込む。

「僕は、日本のITにポテンシャルはあると思う。それらを上手くまとめられれば、十分世界に通用する製品が作れると思う。日の丸ソフトが世界で使われる日が見たいんですよ。日本人ですからね」

彼がそれらのオファーにサインすることは、当分はなさそうだ。

昭和的価値観5「就職先は会社の名前で決めること」
——大手広告代理店で、独立の準備をする彼

以前、まだ僕が会社勤めをしていた頃の話だ。その年に入社してきた新人の一人が部下としてついた。事務方には「いったい、何のためにやるんだろう」というような意味不明な仕事がごろごろしているが、その手の（簡単だが実に面倒くさい）仕事の一つを彼に頼んだ時のこと。

「嫌です。やりたくありません」

と返されて、目が点になったのをおぼえている。勤め人なら誰でもわかると思うが、これはもう会社の中で独立宣言するに等しいセリフだ。もちろん、単に僕と仲が悪かったわけではない。上司に飲みに誘われても「行きません」と平気で断っていたから、彼は万事がそんな調子だったのだ。

なんだか変わった子だなと思っていたが、そのうち社内から似たような話がちらほら聞こえてくるに及んで、彼だけが飛びぬけて変わり者というわけではないということに気付いた。ち

ょうど二〇〇一年の出来事だ。

「確かに、あの年から新人の意識が変わった」

コンスタントに毎年新人を採り続けている会社の人事担当者には、同じ感想を持つ人が少なくない。我が強く、はっきりと意見を言う。組織に馴染もうとはしない等……どうやらこの年は、新卒採用における一つのターニングポイントであったらしい。

確かに、二〇〇一年は色々な意味での節目だった。日経平均がついに一万円を割り、期待と不安の中で誕生した小泉政権が、強力なリーダーシップを発揮し始めたのもこの年だ。

だが若者にとって何より重要だったのは、この年の新卒求人倍率が、戦後初めて一・〇を割ったことだろう（大卒者対象）。この事実には、数字以上に深い意味がある。

できるだけ安定した企業に新卒で就職し、定年まで勤め上げること。これこそ、昭和的価値観の王道だった。そして大学という存在は、専門知識を学ぶ場というよりも、このシステムをより確実に進むためのパスポートを発行する機関だった。彼らの多くも、それまで何の疑問も持たずに生きてきた昭和的人間だったのは間違いない。大学に入った時点で、一応はレールの端に上がれたと安心しきっていたはずだ。

ところが「どんな仕事でもいい、就職させてください」と哀願したとしても、どこにも就職できない人間が一定数発生したのだ。二〇〇一年、少なくとも社会への出口において、昭和的価値観は音を立てて崩れたと言えるだろう。一つの時代が終わったのだ。

当時リアルタイムで経験した世代にとって、これは衝撃的な出来事だったに違いない。これ以降、世に出る若者の意識は、大きく二分化している。一つは従来どおり、特に何も考えずに生きてきて、突如立ちはだかる壁を前に困惑するタイプ。そしてもう一つは、レールの代わりに自分で進むべき道を見つけ、そちらに向かって歩き出すタイプだ。

就職氷河期世代について言えば、強烈な買い手市場の中、サバイバルレースに勝ち残って正社員の地位を手にしたのは、圧倒的に後者が多い。そして、彼らはもはや、かび臭い年功序列の教義など一顧だにしない。なぜなら、彼らの目的地はレールの先などには無いのだから。いや、そもそもレールなどというあやふやなものは、最初から信じてはいないだろう。

「ああ、そういえばいますよそんな奴。まさに会社そっちのけの奴が」

仕事で同席した人から、こういって紹介されたのが春山氏だった。

†大手広告代理店で独立を目指す

「入社以来、ずっと本社の管理部門にいます。最初からそっちを強く希望したので、業務内容には満足していますよ」

春山氏（仮名）は大手の広告代理店に勤務する入社五年目の若手社員だ。この業界、特に大手になると、営業、接待、朝帰りといった派手なイメージがつきまとう。会社側もそのあたりは心得たもので、元気のいい体育会系や、勉強よりも遊びに詳しい社交的なタイプを好んで採る傾向がある。

だが彼が席を置く内勤部門は、そういった華やかさとはまったく無縁の世界だ。実際入ってみた後で後悔はないのか。

「だって、馬鹿馬鹿しいでしょ？　人に頭を下げて回るのも、つまらない人間と酒を飲むのも。人間的な成長とはまったく無縁、人生の浪費でしかない」

フォローしておくが、彼はけして内向的でも、人間嫌いでもなく、むしろ人当たりは良い方だ。もちろん、酒も嫌いではない。自分の好きな銘柄を入れてもらうため、知人のワインバーに出資するくらいだ。

もう完全にわが道を行く春山氏だが、彼が今の業務を希望したのには理由がある。

「本音を言えば、三〇代のうちに知人と共同で、企業再生のコンサルティング会社を立ち上げたいんです。財務全般や資産管理に関する今の業務は、そのための修行のようなものですね」

今の会社は、学生なら誰でも憧れるブランド企業だし、製造業や金融業などに比べれば、年功序列のレールもまだまだ堅持されている。列車に揺られて、気軽な旅をずっと楽しむという選択肢もあるはずだ。だが彼は、「そんな生き方に魅力は感じない」と切り捨てる。平成的価値観の中でも、彼は間違いなく最右翼に属する一人だ。

もっとも、昔からそんなに尖っていたわけではない。目覚めたのはつい数年前、大学三年生の頃だ。ＯＢ訪問や企業説明会に足を運ぶようになってから、彼はあるギャップに強く戸惑うようになった。

「おまえは何がやりたいのか、将来的にどういうビジョンがあるのか、そして、そのために何をしてきたのか。具体的に突っ込まれると、何も出てこない。その時初めて、自分がこれまで生きてきた世界と、これから行こうとしている世界の価値観に、物凄いギャップがあることに気付いたんです」

九〇年代半ばあたりまでは、あるにはあったが、ギャップはまだ少なかった。若者たちはからっぽのままでも、特に問題なく企業に迎え入れられたのだ。今にして思えば、当時の大企業の新卒採用は一種独特で、元気がよくて「何でもやります」という人間で溢れていた。人事もそういうタイプを見て喜んでいたのだから、アホがアホを採っていたようなものだ。そして、何を隠そう、僕もそうやって採ってもらったアホの一人だった。

だが、その手の人間だけではもはや組織は動かせない。他でもない、そういう人材を要求してきた企業自身が、率先して求める人材像をチェンジさせたのは、皮肉と言うしかないだろう。

自分は何がやりたいのか、ただ自問自答していても答えは出ない。春山氏の周囲の人間は一斉にマニュアル本を読みはじめたが、できれば模範解答ではなく、自分だけの答えを見つけたい。面白いのは、人生経験の豊富なはずの父に相談した時の話だ。「おう、任せとけ」と胸を張られ、翌日手渡されたのが、例のマニュアル本だった。

「あの世代は本当にダメだということがよくわかった」と彼は苦笑する。こうなれば、答えは自分で探すしかない。結局、彼は留年する道を選んだ。ここからいわゆる〝自分探し〟の旅が始まることになる。

さて、禅寺にでも行って座禅を組むか、本屋に平積みされる自己啓発書でも読むか。彼がやったのは、もっとも泥臭いアプローチだった。

†バイトやインターンをして、見えてきたこと

「とにかくバイトやインターンに励みましたね。多少季節はずれでも頼み込んで、多い日で二つ掛け持ち、一四時間労働なんて日も。おかげで試験の成績はひどかったですけど」

最初はただ自分の時間を売る感覚しかなかったものの、何社か経験するうち、会社の中にも様々なタイプの人間がいることがわかったという。

「仕事とがっぷり四つで向かい合い、会社を引っ張っている人。ずっと受身のまま、本音では嫌で嫌でたまらないけれど、仕方なく付き合っている人。同じ会社で同じ仕事をしてはいても、

まったくスタンスが違う。前者はどこの職場にも一人か、せいぜい二人くらい」

もちろん、どう生きるかは個人の勝手だ。誰もが仕事人間であるべき理由なんて無いし、それだけで報われた時代など、とっくに終わっている。ただし、好きでもない、むしろつまらないと感じるような仕事が人生の過半を占めるとすれば、その人は本当に幸せだと言えるのだろうか。少なくとも彼は、そういった人生を選ぶことはしなかった。

「私は仕事として携わる以上、自分の命をかけられるものにしたかったんです。極端な話、仕事中にぶっ倒れて死んでも、成仏できるような……まずは、それに値するものを見つけたかった」

それからは仕事体験以外に、社員観察という目的も加わって、次々に会社を渡り歩くようになった。それ以前のバイトも含めると、実に二〇社以上にも及ぶ。それを〝自分探し〟というフレーズで呼ぶ人も多いが、彼の場合はもっと激しく、そして純粋だ。〝死に場所〟とでも言うべきか。

その中で、彼が見つけた理想の死に場所とはどこか。

「二〇人くらいのベンチャー企業でインターンをさせてもらった時の話です。まだ二〇代の社長が、まあ働くわ働くわ、一週間家に帰らない。でも見ていて、一番カッコいい人でしたよ。自分もああなりたいなと思いました」

今の彼には、こういった伏線があるのだ。

よく「学歴のある人間は、就職難なんて関係ない」などという人間がいるが、それは違う。学生には、それぞれの就職志望がある。そして、それぞれの企業が新卒枠を減らすことで、就職難は平等にすべての学生に影響する。「贅沢を言うな」というのは、あくまで外野からの意見でしかない。

ただ、春山氏自身は、むしろ就職氷河期にバッティングしたことを感謝していると言う。

「もし景気が良くて、大学名言っただけでホイホイ会社に入れてもらってたら、間違いなく将来は後悔したでしょう。最近気付いたんですよ、学生時代に見た〝いやいや働く人たち〟というのは、そうやって先に進んでしまった人たちなんだって……」

もしかすると、彼のした回り道は、意味のない行為だったのかもしれない。自分だけの答えなど探さなくても、とりあえず飯を食うには不自由しないのだから。

ただ、それを判断するのは、他の誰でもない、自分自身であるべきだ。そしてそのためには、企業の中に分け入り、現実に今を生きる人間を見るといい。昭和的価値観に首までどっぷりと浸った人間であっても、消しようのない本性の部分で、反感も共感もおぼえることだろう。あえて言うなら、そこにこそ正解はあるのだ。

昭和的価値観6「女性は家庭に入ること」
――女性が留学する理由

「なぜ女性の採用数はこんなに少ないの？」

企業在籍時、同期の女性にされた質問だ。当時の新卒採用数における女性比率は約一五パーセント。

「そりゃそうさ。女性の多くは、結婚や出産を機に一〇年以内に離職するだろ。辞めやすい人は採らないよ」

「復職希望しても、処遇が下がったり、居場所がなくなるからでしょう？」

「ずっと働き続けてる人や、たくさん残業する人のほうが出世するのは当然だよ」

まだ若かった自分は、昭和的な価値観に首までどっぷり浸っていた。フォローしておくが、その企業は積極的に女性総合職を採用する会社として有名で、「女性が働きやすい会社」としてメディアから取材を受けたこともある。それで、このレベルだったのだ。

とにかく、ひたすら働くことが優れているとされる文化。残業や有休返上こそ、美徳であるとされる組織内では、体力的に男性のほうが恵まれているのは事実だ。なにより、出産により勤続年数に穴が開く可能性の高い女性は、勤続年数至上主義の組織において、どうしても幹部候補たる総合職としては評価しづらい。

年功序列制度には、フリーターを使い捨て、中高年求職者を門前払いにしながら、今日まで生き延びてきたという負の側面がある。だが、抑圧されてきた最大のマイノリティは女性だろう。事実、大企業の総合職採用者における女性比率は、一二パーセントに過ぎない（二〇〇五年度・厚生労働省発表資料）。古い企業なら、いまだに「総合職は全員男性」というカルチャーも珍しくない。

国も様々な手は打ってきたが、そのたびに、企業側もあらゆるカウンタープランを講じて、自分たちの価値観を守り抜いてきた。男女雇用機会均等法が整備されれば「一般職・総合職」のコース別採用を設け、それが改正されれば、今度は女性の採用を、一般職から派遣社員に置き換えるという具合だ。いまや三五歳未満の女性労働者のうち、非正規雇用者の割合は四割を超える。

同じ年代であったとしても、昭和的価値観の中で感じる閉塞感は、女性のほうがはるかに強いはずだ。

†留学を希望する女性たち

「だから、海外を目指す女性は多いんです。うちに来られる相談者の七割は女性ですよ」

留学図書館の平川理恵代表はそう語る。都内で海外留学に関する各種情報提供、カウンセリングを行う同社は、既に四〇〇〇人を留学させた実績を持つ。

同社の特色に、社会人留学に強いという点がある。年代も、MBAを取得してキャリアアップを図る二〇代から、「若い頃からの夢だった」という団塊世代まで、実に幅広い。

ただ、やはり中心となるのは三〇歳前後、それも女性だという。

「キャリアや資格を取るという目的の明確な留学は、割合としてはそれほど多くありません。ほとんどの人にとっては、留学は人生を一度リセットするという意味があるんです」

女性たちが直面する閉塞感の原因は何だろう。

年功序列組織においては、キャリアパスは管理職昇格以外ありえない。その中で、女性管理職の割合は、もっとも高いサービス業で一四パーセント。製造、金融業等はみな五パーセント未満に過ぎない（上場企業対象：二〇〇七年日経BP社調査より）。

バブル以降の男性社員には、出世というキャリアパスが見えない中、強い閉塞感を抱える人が少なくない。だがほとんどすべての女性は、少なくともこの数十年、同じ閉塞感に直面し続けてきたことになる。これが、年功序列の現実なのだ。それはけして万人に平等な制度でも、理想の社会を維持するシステムでもない。

昭和的価値観では、仕事に最大のプライオリティを置くことを要求される。そして仕事で自己実現できるのは、一部の出世した人間だけだ。それが許されない人間はどうするか。仕事以外に軸足を移すしかなく、女性の場合、それは結婚して家庭に入るということを意味する。もちろん、それも一つの生き方だ。

ただ、すべての女性が、家庭に入って専業主婦になることを望むわけではない。今のまま、会社でただ言われたことだけをこなすのではなく、そして家庭に収まることでもなく、それ以外の何かを手にしたい……留学を希望する女性の多くは、いわばアウトサイダー予備軍なのだ。だからこそ、社会人として一定のキャリアを積んだ後での社会人留学にこそ、重要な意義がある、と平川さんは言う。

「それまで身についていた価値観を捨て、新しい価値観を身につける。それによって、同じ人生であっても、景色はがらりと変わってくるんです」

では、彼女たちが留学によって見出す新たな価値観とはなんだろう。

「私自身もそうでしたが、留学で得られる一番大きなものは、自信なんですね。ゼロからプランを立て、語学力も磨きつつ、専門課程の知識を学ぶ。もちろん、異郷での生活も、自分で計画しないといけない。何から何まで〝自分で〟動く必要があるんです」

そこには、ただ言われたことをこなし、レールの上を進むだけの生活には無かったあるものが、力強く存在する。それは主体性だ。「なんとなく大企業に入りたい」「なんとなく定年まで過ごしたい」等、昭和的価値観に必ず顔を出す〝なんとなく〟という言葉の対極にある言葉だ。

平成的価値観の本質とは多様性であるが、主体性こそ、それら全てに共通するフレームだ。

「私も昔は普通の女の子でしたよ。まさか自分が起業するなんて、夢にも思っていませんでした。そういうふうに変われたのは、やはり留学がきっかけですね」

†残業の存在しない会社

自身の生き方だけではなく、彼女の会社そのものも、昭和的価値観とは無縁の世界だ。一六名いるスタッフはほとんどが女性、残業は原則存在せず、毎日一八時過ぎにはオフィスを閉める。業務の質と効率を維持するには、ワークライフバランスが何より重要だと彼女は言う。

「だって、徹夜明けで青い顔したスタッフばかりだと、カウンセリングを受けたいなんて誰も思わないでしょう」

かつて高度成長期には、少人数の社員（もちろん男性中心だ）をフル回転で働かせることが、もっとも効率的な経営とされていた。大量生産の時代だから、頭より体で覚えるほうが重要で、そうやって熟練した労働者をこき使ったほうが効率的だったのだ。日本の専売特許である「残業文化」「有休返上」といったカルチャーは、ここに根っこがある。

ただし、経済が成熟すると、主導権は消費者の側に移る。大量生産ではなく、消費者の多様なニーズを汲み取ることが重要となったのだ。つまり、今度は体ではなく、頭で勝負する時代だと言える。男社会を基本とする年功序列は、既にその存在意義を半ば失っているのだ。

もし、一〇年前の僕がこの会社の代表だったなら、どういう労務戦略を取っただろう。スタッフは一六名も採用しない。八名を月に一〇〇時間残業させれば十分だ。ぎりぎりの人数でやっている以上、有休取得は病気と身内の不幸のみ承認。そして、スタッフは全員男性で固める。出産や育児を理由に休職されたら、とたんに会社が回らなくなるためだ。

おそらく、三年以内に八人のうち四人は辞めるだろう。そんな会社に黙って従うほど、今の若者はバカではないし、転職市場は成熟しているのだから。

それでも「最近の若いものは……」と文句を言いながら、中途採用で二〇代男性を採ろうとするだろうが、売り手市場でそう都合よく採れるはずもない。高額の求人広告をあちこちに打ちつつ、残った社員の尻を蹴っ飛ばす日々が続くだろう。かくして、会社は汗臭い残業バカしか残らなくなり、手厚いサービスも細かな気配りも望むべくもない。

文字に起こすと実に馬鹿げた会社だが、これはまさに現在の日本社会の縮図なのだ。

今、どの企業の採用担当者も口をそろえて「人が採れない」と嘆いている。それはそうだろう。二〇〇八年卒業予定者に対する新卒求人倍率は二倍を超え、従来どおりの「ぴちぴちの若い男子」だけで採用予定数を固められる会社など、ネームブランドのある一部大手にすぎない。

だからといって「日本は労働力不足だ」と片付けてしまうのは安直だ。まだまだ日本には潜在的な就労希望者が埋もれている。たった数年前に卒業し、現在はフリーターとして食いつなぐ氷河期世代、転職市場から締め出された中高年、そして女性たちだ。

彼らを受け入れ、同じ土俵で評価できる価値観こそ、企業が作り、持つべき平成的価値観だろう。

女性の活躍度は、その会社の社風の新しさを推し量るバロメーターだ。現在のところ、キャリア獲得を目指す女性たちは、新興企業や外資系企業を中心に活躍の場を求めている。彼女たちが日本企業を目指すようになった時、本当の平成が始まるはずだ。

昭和的価値観7「言われたことは、何でもやること」
——東大卒エリートが直面した現実

二一世紀を迎えた現在、日本は成長と安定の時代を終えて、変化と多様の時代を迎えている。そんな中、社会全体で、成長と安定を旨とする昭和的価値観も崩れ始めている。

たとえば金融においては、規制緩和によって長く続いた銀行系列による独占が崩れ、外資や新興の証券会社に資金が集まるようになった。いわゆる直接金融の流れだ。

これにより、従来は投資とは無縁の存在だった個人が証券市場に参加するようになり、〝個人投資家〟という新しい職業が誕生することになった。ネットの普及と共に、短期のデイトレーディングで数億円の資産を築く個人も珍しくはない。彼らなどは、もはや一つの生き方と言えるだろう。

一方で、従来は安定と高ステイタスのシンボルだった銀行マンは、相対的に地位を大きく下げている。もはや護送船団方式ではないから、横並びの高い賃金水準は維持できない。しかも、かつての黄金期を支えたベテラン達の年功給が重くのしかかるから、それだけ若手の昇給は抑えられることになる。いまやメガバンクは、新卒離職率のもっとも高い不人気業種の代表だ。

もちろん、ITの進歩はトレーディング環境を整備しただけにとどまらない。それは製造業をはじめ、流通、サービスなどあらゆる分野を激変させた。

たとえば電機メーカーにおいて、九〇年代まではニーズの高かった機械工学系は年々需要が減り、一方で情報処理関連の需要は急増した。半導体部門においても、花形は素材ではなく、いまやソフトという時代だ。

こうなると、長く勤めて経験をつむことが、必ずしも人材の価値を高めるとは限らない。終身雇用をベースとする日本企業であっても、三五歳以降の従業員に対し、割増退職金や転職支援など、何らかの優遇措置を設けて早期退職を促す企業は、今は珍しくもない。たとえば、松下電器のように業績的には申し分なくても、退職金の積み立てを止め、ボーナスに上乗せ支給する企業も出現している（従業員による選択制）。定年までつなぎとめておくメリットなどないためだ。

やはり「新卒ではいった会社に定年まで勤める」という価値観は、既に崩壊しているのだ。

一方、組織の中でこき使われる若者の側もバカではない。年功序列制度には、自分の一〇年、二〇年後の姿が社内で目に見えるというメリット（人によってはデメリットでもある）がある。

社内は既に、年功序列というレールから放り出された人間でいっぱいだ。

バブル期に万歳三唱までされて就職したものの、課長にすら昇格できず、途方にくれるバブル入社の四〇代。若いころに一生懸命会社のために貢献しつつも、「時代遅れだから」という理由で肩を叩かれる中高年エンジニア。

その手の生きたサンプルを目にしてもなお「若いころは下積みだ」と納得できるとしたら、相当なお人好しだろう。お金にしろ、仕事のやりがいにしろ、普通はなんとかして自分の望むものを手にしようと、二〇代のうちから悪戦苦闘するはずだ。新人の離職率が高まる背景には、こんな事情があるのだ。

もちろん、ただトレンドが変わっただけなら、人とお金の流れが変わるだけの話だ。取り残される人がいたとしても、人々の生き方まで変わるわけではない。また新たなレールを見つけて、そこで惰眠を貪ればいいだろう。しかし、新しい時代には、どこにいっても変化の早さがついてまわる。もはや数十年も安定し続けるレールなんてありえない。そこで、レールにこだわらない生き方をする人々がクローズアップされることになる。

アウトサイダーとは、昭和から平成に変わる価値観の過渡期において、一歩先に踏み出した人々のことだ。今はまだアウトサイダーでも、彼らが主流になる日は必ずやって来る。

そんな中、思わぬ挫折を味わう人もいる。昭和的価値観の中ではエリートであっても、その生き方が今後もエリートであることを保障してくれるとは限らないためだ。今回はそういった元エリートを取り上げてみたい。テーマからすれば番外編だが、アウトサイダーとは何かを考える上で、貴重なケースとなるはずだ。

昨年暮れのこと。大学時代の同級生から、久しぶりに会いたいとの連絡があった。今後のキャリアについて相談したいとのこと。彼に会うのは実に八年ぶりのことだ。

待ち合わせ場所に現れた藤井氏（仮名）は、どこか憔悴した表情を浮かべていた。

「実は、転職について相談したいんだ。今の自分のキャリアで、どこかいい転職先はないかな？」

†エリートに生まれた初の自我

藤井氏は、私立の有名進学校から現役で東京大学法学部に進学した正真正銘のエリートだ。こういうタイプに限って、大学入学後に大きくアウトロー化する人間も多いが、彼の場合はずっと優等生のまま、大学生活もそつなくこなした。成績も上位三割ほどには食い込んでいただろう。

既に就職氷河期に突入していたものの、そんな彼が就職先に困ることはなく、いくつか手にした内定先の中から大手生保に入社したのは九七年。彼について言えば、すべてが順調だったのだ。

九〇年代後半まで、東大や早慶といった大学の文系エリートたちにとって、人気のある就職先は金融業界だった。都銀や証券、生保損保といった各業種は住み分けもされ、規制で守られていたから安定もしていた。メーカーのように、ある日突然、海の向こうから半値の製品が輸入されるなんてこともなかったのだ。

その結果、金融各社はどこも、メーカーなどよりもずっと高賃金で安定した年功序列制度を維持していた。

当時のことは今でもよくおぼえている。

「三〇歳で一〇〇〇万、四五歳で一五〇〇万」

春、リクルートスーツに身を固め、OB訪問に出かける同級生たちが、みなお題目のように唱えていたフレーズだ。そして、彼もそんな一人だった。

「入ってから何をやりたいかとか、具体的な将来のビジョンなんて何も無かった。ただ、金融に行ければそれでよかった」

彼は当時をそのように振り返る。今思えば幼稚な考えかもしれないが、それが普通だったのだ。

入社後も、彼は優秀な〝サラリーマン〟だった。言われたことはなんでもこなし、毎日遅くまで残業もする。有給休暇の取得は最低限にとどめ、上司の年次と学歴ももれなく暗記した。

キャリアについて言えば、最初の数年間は地方支店で営業部門に従事し、その後三年間ほど社内システム部門でSEとして働いた。現在は本社の管理部門で数字を拾う日々だ。

生保の場合、今でも終身雇用を原則としたジョブローテーションを組むケースが多く、彼もその典型だ。もっとも、三〇過ぎできちんと本社の管理部門に戻ってきているから、それなりの評価もされているのだろう。

ただし、彼自身は、現在の仕事に対して行き詰まりを感じているのも事実だ。

「今の仕事、とてもやりがいがあるとは言えない。数字を拾って関係各所に流すだけ。頭も体力も要らない作業でしかない」

彼の中に、初めて「この仕事は嫌だ」という自我が生まれたわけだ。

環境的な理由もある。二〇〇〇年前後の金融ビッグバンで、金融各社は規制という防波堤がとっぱらわれ、製造業並みの競争にさらされることとなった。生保も例外ではない。第三分野（傷害保険や医療保険）において損保との住み分けは崩れ、一方で新商品の開発に特化した外資が一大攻勢をかけはじめた。また、二〇〇七年末からは保険商品の銀行窓口販売も開始される。これまでのビジネスモデルに固執するだけでは、肥大した巨体は維持できない。

こうなると、従来の年功序列制度は維持が困難になる。彼自身、なんとなくそのことは肌で感じているという。恐らく今の部署で、それも課長あたりで出世は止まるだろうというのが、彼の予想だ。

もちろん一〇年先のことなんてわからない。ただ明らかなのは、もしそうなってしまえば、今の業務が定年までずっと続くということだ。

「それを考えると、毎日会社に行くのが嫌になる」

これまで縁のなかった〝キャリア〟という言葉を意識するようになったのは、こういった事情があるのだ。

†動機なき人間は転職市場に立ち向かえない

一通り話を聞き終えてから、僕は正直に彼に伝えた。

「今以上の処遇を期待したり、キャリアアップとしての転職は、正直難しいと思う」

転職希望者をターゲットとしたキャリア採用市場は、いまや一兆円市場だ。ただ、すべての人間がそこで通用するわけではない。求められているのは、年相応のキャリアを積んできている人間だけだ。特に三〇代は、もっとも脂ののった即戦力として期待される半面、それまで積み上げてきた職歴が厳しく問われる年代でもある。営業管理からSE、経理まで、薄く浅く経験してしまったゼネラリストは、どうしても低い評価しか受けられないのだ。

たとえば、東大出でSEを三年だけ経験している三〇歳と、専門学校卒業後第一線で一〇年間システム開発に従事してきた人間なら、普通の人事担当者なら間違いなく後者を評価する。転職市場においては、学歴はほとんど意味を持たない。

皮肉なことに、彼のような人材を生み出した金融業界自体、転職市場では率先してスペシャリストを求めている。銀行であればM&Aに精通した投資銀行OB、保険では商品開発や運用に長けた異業種出身者、という具合だ。人材紹介会社に高いフィーを払ってまで、ゼネラリストを引き抜こうなんて保険会社は、まずありえない。

もちろん、ゼロから異業種に挑戦する気合があれば、この売り手市場、いくらでもチャンスは転がっている。ただ、それには明確な動機が必要だ。「～をやりたい」「～が欲しい」といった主体があってこそ、挑戦は実を結ぶのだ。

「どこかおススメの転職先は？」と聞いてくる時点で、その挑戦は無謀なものに終わるだろう。「別に仕事で自己実現する必要なんてない。今の会社で十分な賃金が保証されているのだから、仕事以外に生きがいを求めろ」

彼にしたアドバイスは、今後多くの人にとっても有益なアドバイスとなるはずだ。動機のない人間が、無理に転職市場の荒波に立ち向かう必要はないのだから。

一通り話を終えた後は、いろいろと昔の話に花が咲く。やれ誰々はどうしてるとか、誰々と誰々が結婚したとか。キャリアというものを離れれば、明るい話題はいくらでもあるのだ。

そんな中、ふと彼が漏らした言葉が印象的だった。

「オレ、どこで間違ったのかなぁ……」

彼でも、彼の両親でも、誰が悪かったわけでもない。あえて言えば、それは時代だ。時代が変わり、価値観が変わりつつあるのだ。

最後に、自らをテーマとして取り上げることに快く同意してくれた彼に、素直に敬意を表したい。

昭和的価値観8「学歴に頼ること」
——会社の規模でなく、職種を選んで転職を繰り返し好きな道を切り開く

「バカやろぉ！　油漏れてるじゃねえか！　おまえんとこはアレか、欠陥品売りつけんのか!?」

がたいのいい作業員にネクタイをつかまれ、納品した重機まで引きずられていく。そこには、確かにオイルの漏れ出した新品のブルドーザーが鎮座していた。

安井氏（仮名）はもともと、高温多湿の日本にネクタイなんて必要ないと考えていたが、その時初めてネクタイの必要性を理解したという。

「あれをつかんで貰うおかげで、殴られなくて済むんですよ」

安井氏が大学を卒業したのは九八年。就職先として選んだのは、重機メーカーの地域販社だった。

「別に、そこがよかったわけじゃないんです。私みたいな地方の公立大生だと、とにかく内定

が貰えるだけで幸せな時代だった」

ただし、入社した販社の営業職は、想像を絶するきつさだった。朝から晩まで担当する建設会社を回り、新規の売込みからメンテまで請け負う。一台一〇〇〇万円近い重機を売る仕事は、売り手も買い手も真剣勝負だ。しかも、不況に加え公共事業の減少に直面する建設業界は、もっとも〝殺伐とした〟業界だった。冒頭のような荒っぽい目にあうのは、彼の担当したエリアなら、ごくありふれた話だったという。

外回りを終え、疲れきってオフィスに戻ると、そこには中高年のベテランたちが所在無げに座ってお茶を飲んでいる。この仕事は体力勝負だ。四五歳を超えれば、基本的に現場に居場所は無い。

「それでも、会社に面倒見てもらえる間はいい。問題は二〇年後。自分らがおっちゃんになった時、本当に会社が雇ってくれるのか、すごく不安だった」

事実、彼の入社二年後から、会社は早期退職の募集を開始した。対象年齢は四五歳以上の営業職。まさに〝居場所の無い〟世代がターゲットだ。今はあくまで〝募集〟だが、将来それが〝指名〟に変わるかもしれない。

「そうなったら、ホントに生きていけない。あの仕事で何がきついって、体力とド根性以外、なんのスキルも経験も身につかないこと。潰しのきかない年齢になって放り出されたら……それが何より怖かった」

彼がその仕事に限界を感じた理由は、仕事のきつさや待遇ではなく、将来のキャリアパスが見えないことだった。結局、彼はその会社を三年で退職してしまう。

†大企業から中小企業への転身

次に彼が選んだ会社は、従業員二〇〇人の倉庫会社だった。一応、地域販社とはいえ、一部上場大手のグループ企業だった前の会社に比べて、年収は実に四割のダウンだ。福利厚生も比較にならない。何より、親が強硬に反対した。

「なんで大企業から中小企業にいくんかね」

よくある話だが、文字通り泣いて袖にすがったそうだ。あの世代はたいていそうだが、大企業に入ったというだけで伏し拝むほどに狂喜し、辞めると言っただけで怒り狂い、辞めたと言ったら嘆き悲しむ。彼らを見ているだけで、昭和の価値観がいかに根深いものかよくわかる。

ただ、彼は彼なりに、ある基準に基づいてその会社を選んでいた。それは担当する業務内容だ。

「人事総務の求人から選んだんです。さすがに未経験で採ってくれるほど、大手や中堅は甘くはない。でも小さい会社なら熱意さえ見せれば、いくらでも機会を与えてくれる」

彼が人事総務にこだわったのには理由がある。専門性を持つスペシャリストになりたかったためだ。一定の専門性を持つスペシャリストなら、いくつになっても飯は食える。会社に頼らなくても、生きてはいけるのだ。

「法務はさすがに無理。財務経理は数字に弱いのでパス。結局、人事が落としどころかなと考えて……もっとも、人事って実は数字が必須だということに、入ってみて気づいたんですが(笑)」

仕事のきつさで言えば、むしろその会社のほうが上だった。業務は新卒採用から給与、退職金計算、査定や制度設計までこなす。残業は月平均で一〇〇時間。もちろん、すべてサービス残業だ。

「たまに労基署のチェックが入ると、自分で自分の出勤簿を誤魔化すんです。いやあ、あれはきつかった」

その会社では三年間、まさに石にかじりつくようにして働いた。

†目的地は自分で決める

しかし、その職歴は無駄にはならなかった。三年間の勤務の後、彼は別の企業に、同じく人事担当者としての転職に成功する。今度は大手メーカーの系列企業で、待遇も格段にアップした。最初の転職活動時の苦労が嘘のように、第一希望の企業からすんなりと内定を貰えたという。中小企業とはいえ、前の会社でのキャリアがしっかりと評価された結果だ。よく誤解されることではあるが、実は会社の名前というのは、転職ではそれほど重要視されないものだ。むしろ前職があまりにもピカピカだと、「なにか脛に傷があるな」と勘ぐられてしまうことすらある。要するに、何をどれだけ経験して、これから何が出来るのか。転職に必要なのはそれだけだ。

事実、彼の面接での評価は看板倒れではなかった。

大きな会社の人事部門は、かなり分業が進んでいるせいで、細切れにされた業務しか目に見えないという欠点がある。そのため一〇年以上勤めても、就労管理や採用等、せいぜい二種類程度しか経験できない。「面接で評価の高い新人ほどすぐに辞める」なんて嘆いている企業はこの典型で、単に採用と就労の両方が見えている人間がいないのだ。

ところが中小企業になると、彼のように一人で採用から退職まで面倒見るケースもざらにある。こういう企業では、どういう採用をすればどういう人材が採れるのか、すべて担当者の頭の中でつながっているのだ。一言でいうなら、視野が広いということになる。

現場で三年間、採用から退職まで一手に担当した彼は、実務面で揉みに揉まれ、いつの間にかやり手の人事屋に叩き上げられていたわけだ。

たとえば、こんなことがあった。その新しい会社は、理系の新卒採用において、伝統的な学校推薦制度を維持し続けていた。指定校と呼ばれる大学にあらかじめ求人票を送り、就職担当教授から学生の推薦を受ける形で内定者を確保するスタイルだ。

学校と安定した関係を築けるメリットはあるが、新しいタイプの人材を確保するのが難しいという欠点もある。なにより、自由応募中心の新興企業の台頭で、推薦制度自体を利用する学生が減っているという現実がある。たとえば東大の情報工学系において、就職先として人気があるのは、今やグーグルや外資コンサルといった公募型企業だ。その会社も、大学側からの推薦だけでは、既に予定数を確保することが難しくなっていた。

「自由応募をやりましょう。推薦してもらえるのを待っているだけじゃ、いい人材なんて採れませんよ」

大学との関係を考えた上司は渋ったが、結局は安井氏が熱意で押し切り、推薦枠を半分に減らして新しく自由応募枠を設けた。皮肉なことに、翌年、配属先で評判のよい新人は、自由応募枠で採用された人間の方だった。

「要するに、必ずしも優秀な学生が推薦されていたわけではないということに、ようやく気づいたんです。成績優秀者はブランドのある大手にいきますから。そうじゃない企業は、学校名にこだわらず、熱意ある学生を自由応募で採ったほうがずっといい」

面白いのは、自由応募採用を始めた後のことだ。それまでは指をくわえてみていた他のグループ企業の採用担当者が、そろって教えを請いに来たのだ。

「みんな本音では自由応募に切り替えたかったんでしょ。最初に誰かが言い出すのを待ってた感じですね」

彼が手にした武器は、何も視野の広さや高い専門性だけではない。三社を渡り歩くうち、キャリアに対する意識が大きく変わったのだ。一言でいうなら、それは強さだ。

「自分のキャリアを切り売りする感覚ですね。あくまで会社とは対等な関係。言いたいことは言わせてもらう。それで必要とされなければ、別の会社に行けばいい」

どんな業務でも、二〇年も先のことは誰にもわからない。人事にしても、この先さらにアウトソーシングが進むはずだ。安定したレールを探すだけでは、いずれきっと行き詰まるだろう。とすれば、進むべき道は一つ。自分で自分の目的地を決め、後はそれに向けて進むだけだ。キャリア開発、資格試験、あるいは仕事以外の何か……それができる人間こそ、二一世紀のエリートに違いない。

†「何をやってきたか、そして何ができるのか」

インタビューは、都内の彼のオフィスで行った。昨年、ヘッドハンティングのオファーを受け、三度目の転職をして一年が経つ。彼は今、米国メーカー日本法人の人事マネージャーを務める身だ。三三歳にして、既に七人の部下を抱えている。

建設現場から逃げ出した男は、いつの間にか人事部長席に収まっていた。彼は今、二〇代を振り返って何を思うのだろうか。

「僕は自分の学歴なんて最初から無いもんだと思ってましたから、それに何も期待してはいませんでしたね。欲しいものがあったら、自分でなんとかするしかなかったし、今ではそれが正解だったと思いますよ」

人事マネージャーの今、毎月のように採用面接をこなすが、ふと気になることがあるという。

「いいとこの大学を出ていても、そればっかり前面に出してくる人が意外と多い。むしろつまんないプライドが足を引っ張って損している感じですね」

少なくとも転職市場においては、学歴はほとんど意味をなさない。重要なのは「何をやってきたか、そして何ができるのか」だ。

よく、キャリアに関する話をすると、「自分のようなマイナー大の人間には関係ない話だ」とうつむいてしまう人がいる。実にもったいない話だ。むしろ「勉強はしなかったけど、仕事っぷりには自信がある」というような人にこそ、転職市場の門戸は開かれているのだから。

没落するエリートがいる一方で、新たに台頭するエリートもいる。どちらになるかは学歴ではなく、本人の気持ち次第だ。

昭和的価値観9「留学なんて意味がないということ」
――大手企業でMBA取得後、安定を捨てた理由

普段、いろいろと仕事をしていく中で、他のコンサルタントと会う機会も多い。時には、そういう人たち同士で交流会を開くこともある。もちろん、コンサルタントと一くくりにしても、彼らの得意ジャンルは様々だ。純経営的な戦略コンサルから、システム畑出身のＩＴコンサル、人事に特化した人事コンサルなど、専門分野は多岐にわたる。共通しているのは、ビジネスの中でも比較的上流の（要するに経営に近い）仕事にタッチしているという点だ。そのため、それなりの学歴や資格を持つ人間が多い業界でもある。

そんな彼らと接していて気づいたことは、いわゆる大企業からの転職組が非常に多いということ。それも、企業派遣で海外留学を経験したエリートが少なくないという事実だ。有り余る金に物を言わせて、世界の一流ビジネススクールに社員を送り込んでいた八〇年代ならともかく、このご時勢で派遣されるということは、それなりの幹部候補と認定されていた証拠だ。少

なくとも、年功序列のレールは、彼らにとってはゆるぎなく続いていたに違いない。にもかかわらず、彼らがあえてレールを飛び降りた理由とはなんだろう。

篠原氏（仮名）は新興の日系コンサルで働く経営コンサルタントだ。物流管理や資材調達といった面から、主に製造業のクライアントを中心に契約を結んでいる。現在三六歳だが、既にGMの肩書きを持ち、二〇人以上のスタッフを抱える身だ。彼もまた、大手日本企業の出身である。

「四年前に現職に転職しました。年収？　まあ五割ほどはアップしましたけど……でも二年ごとの年俸制やから、ローンなんて組めないですよ（笑）」

今でこそレールの無い世界でバリバリと働く彼ではあるが、元々はそんな気概とは無縁の、ごく普通のサラリーマンだった。いや、むしろコンサルだの外資だのといった言葉には、アレルギーすら感じていたタイプだ。

「まさか自分がこっちに来るなんて、二〇代の頃は想像もしてませんでしたわ」

話は、七年前にさかのぼる。当時、会社は流行の成果型人事制度を導入し、全社に対して「これからは能力の時代だ」とハッパをかけた。もちろん、従業員の尻を蹴っ飛ばすだけではない。三〇歳前後の若手に対しては、海外留学をはじめとする早期選抜育成制度を準備し、将来の幹部候補としてキャリアアップの便宜を図った。当時、本社のマーケティング部門に籍を置いていた篠原氏は、上司の推薦もあって対象者に選ばれる。結果、二年間を米国のビジネススクールで過ごすこととなった。

「昔、やはり派遣留学していた四〇代の先輩の話と違って、めちゃくちゃ厳しかった。授業開始までに読んどけと指定される本だけで高さ一メートルくらい。論文執筆時には、毎晩三時まで机にかじりついてました。あんなに勉強したのは、大学受験以来かな」

八〇年代に流行った派遣留学の場合、日本企業は寄付金で枠を買い取るケースが多く、割と簡単に一流校に潜り込むことができた。ヒモ付きだから当然、学位認定も緩い。現在はそういった下駄は履かせてもらえないから、それなりのスクールでMBAでも取得しようと思ったら、かなりの覚悟が必要だ。

「世界中から頭の良い連中がアメリカに集まって、深夜まで勉強している。特に中国人留学生のハングリーさは凄い」

日本人の入学が厳しくなったのは、同じ東アジアの中国人留学生の急増も一因だ。いまや中国は、世界最大の留学生派遣国でもある。

「でもね、本当はそれが普通なんです。大学は専門教育機関なんだから、一番密度の濃い勉強を一番熱心にやらないといけない。やりたいこともない奴や、やる気のない奴なんて、そもそも大学に行く必要なんてないんです。彼らを見てると、日本で過ごした自分の大学時代が本当に恥ずかしくなった」

二年後、無事に学位も取得し、篠原氏はめでたく職場に復帰する。といっても、別に錦を飾ったわけでもなく、特に以前と変わり映えしない日々が待っていた。むしろ、現場を二年間離れていたことによるブランクの方が大きい。

しかし、彼には心血を注いで身につけた知識がある。世界中のエリート志願者があこがれる米国MBAもある。新たな武器を手に入れたはずだった……のだが。

MBAが初めて役に立った日

「いや、あれがねえ……正直使わないんですわ、社内では。だって、所詮三一歳のヒラですもん」

経営管理学修士（Master of Business Administration）とは、読んで字のごとく経営実務能力を身につけるための経営コースである。米国企業やコンサルティングファームにおいては、事実上、経営幹部へのパスポートであり、それゆえ各種事例を中心としたきわめて実践性の高いカリキュラムを持つ。これこそ、世界中の知がアメリカに集う理由だ。

ただ、ここで重要なのは、こういった専門職修士課程というのは、もともと職務給カルチャーの企業向けに準備されているという点だ。わかりやすく言えば、「三〇過ぎで事業部長ポストにつくのが普通の企業」でないと、持ち帰った知識なんて無用の長物に過ぎないということだ。

「最低でもプロジェクトマネージャークラス。それ以下だと、酒の席での話のネタくらいにしかならない。前の会社なら、最先発で出世したとしても、四〇代前半でないとそのクラスには就けない。ルームメイトのアメリカ人が、修了後二年でGMになったという話を聞いて、俺の二年間はなんだったんだろうって思いましたね」

それなら、そういうポストについている五〇歳前後の人間が留学しろという話になる。が、そんな奇特な会社は寡聞にして知らない。ここに、日本型経営のパラドックスがある。経営のプロフェッショナルの必要性は認めていても、それを活かすシステムを持たないのだ。

余談だが、官費で海外留学した若手官僚が、帰国後に外資へ転職するケースが多いのも、理由はまったく同じだ。彼らの場合、状況はさらに深刻で、ある程度の政策立案に関われる課長クラスになるのは、早くて四〇代半ばだ。二〇〇六年に法改正で留学後の転職に一定の制限が加えられたが、上記のような構造的問題は手付かずのまま残されている。

ただ、根っからの昭和型人間である篠原氏は、それでも転職には否定的だった。転職なんて尻の軽いことはしない。あくまで定年まで勤め上げてこそ日本男児。今は無理でも、学んだ知識もいつか役立つ日が来るだろう。

実際、その機会はすぐにやってきた。米国企業とのアライアンス（戦略的提携）交渉において、彼の部署が窓口を務めることになったのだ。留学経験もある彼が、中心となって音頭をとることになったのは当然だろう。半年近く資料のやり取りが続いた後で、待ちに待った晴れ舞台の日が来た。先方から責任者御一行が本社に来日し、日本側の役員と直接交渉する場に、彼もスタッフとして出席することになったのだ。

「まず驚いたのが、先方の責任者が私と同じくらいの年の女の子。これはかなりショックでしたね」

一方、日の丸役員は五〇代の叩き上げで、若い彼女に比べれば、どうにも態度が煮え切らない。往年の名プレイヤーは、必ずしも名監督というわけではないのだ。

「いかん、このままでは我が社がバカの集まりだと思われてしまう。ひいては国の恥でもある」

最初、専門的でわかりにくい部分だけを通訳していた彼だったが、いつしか上司たちの返事も待たず、自分の判断で交渉に乗り出すようになった。越権行為といえばそうだろう。それでも、先方の受けは良かったらしい。

「大変有意義な会談でした、と言われましたからね。それもなぜか私に（笑）」

ひょっとすると、それが気に障ったのかもしれない、と彼は言う。

「君、ちょっといいかね」会議終了後、役員に呼ばれた篠原氏は、鬼のような顔で凄まれた。

「おまえ、なに勝手に仕切ってんだよ！」

†知的立国を目指す日本の現実

「それでようやく踏ん切りがつきましたわ」

安定性という意味では、あのまま残っていた方が良かったろう。ただ、今の会社は若い分、努力次第でいくらでも上に上がれるから、余計な気は使わなくていい。

今の仕事を始めてから、彼には気づいたことがある。クライアントとして接する日本企業の責任者たちの姿は、当時の自分の上司の姿とかぶって見えるのだ。恐らく、彼がぶち当たった壁は、日本中の企業に存在するのだろう。

「アメリカ時代、机にかじりついて勉強していた他国の留学生たちが、自国の企業でそれなりのポストについて活躍している姿を想像すると……このままじゃ、日本は本当にダメになりますよ」

彼はこの問題が、企業内だけではなく、社会全体にまで深く影を落としていることに気づいている。

「年齢で序列を決めるやり方だから、専門性なんて重視されない。院卒より学卒だし、大学で勉強なんかしなくても大企業に入れちゃう。四年間無駄に過ごしてしまうことは、社会にとっても大きすぎる損失ですよ。倉庫で眠っている間に旬を過ぎてしまった在庫みたいなものだもの」

特に、学士と修士の間には明確な線が引かれている。一定の専門性が要求される一部の技術職を除けば、修士以上への進学は非常なリスクを伴うのだ。特に人文系で進学しようものなら、民間への就職は著しく困難となる。年齢で処遇を決める日本企業にとっては、彼らが身につけた専門性など無用の長物であり、まして年齢が高い分コスト高なためだ。以前お会いしたある著名な社会学者は、院進学を希望する教え子に、きまって以下のように伝えるという。

「君の実家が自営業なら、院に進んでより深い知識を学んでもいい。でもそうでなければ、諦めて就職しなさい」

これが、世界二位の経済大国にして、知的立国を目指す小国日本の現実なのだ。年功序列制度とは、アカデミズム殺しという顔も隠し持っている。そういう意味では、九〇年代に知的立国をうたい、企業内（もちろん官公庁も）のこの構造的問題には一切メスを入れることなく、ただいたずらに博士課程の人員を増やした文部科学省の罪は重い。彼らは最初から余剰博士を作りたかったか、あるいはよほどの阿呆ぞろいなのだろう。

日本は今、大学改革の真っ只中にある。国立大学の法人化や、設立の相次ぐビジネススクール（専門職大学院）は、いずれも日本の高等教育の質的向上を狙ったものだ。だが、それらが狙い通りに機能するかは、まったく予断を許さない。なぜなら、そもそもそういった知識を活かすキャリアパスが企業内にないからだ。

「うちの若いのは、当時の私なんかよりずっと勉強熱心ですよ。〝こっちの世界〟には年齢なんて縛りはないですからね」

もちろん、個人の意識も変わらねばならない。ただもっとも変わらねばならないのは、出口の部分、企業内の価値観だ。年齢ではなく、能力で処遇を決めるシステムを持たない限り、個人の意識が変わることはないだろう。知的立国の成否は、まさにこの点にかかっているのだ。

第二章　独立編

確かに、現代日本は過去のいかなる体制と比べても、何でもやりたいことに挑戦できる社会であることは間違いない。勤め人だろうが役人だろうが、望めば少なくとも挑戦する機会は与えられるはずだ。ただ、選択肢が広いというのは、それはそれで絞り込むのが悩ましくもある。実際、企業の中で閉塞感を感じてはいても、出口の見つからないという人は少なくない。

そんな人たちと話していて思うのは、彼らが「いかにしてビジネスエリートになるか」という観念にとらわれてしまっているということだ。どの分野に自分を追い込んでゆけば勝ち上がれるか……なかなか追い込み先が見つからないのであれば、発想を転換してみるのも悪くはない。本書はけして「出世するための指南書」ではないし、それはむしろ形を変えた昭和的価値観だろう。他者との競争にけして終わりはないが、自分との競争なら、少なくとも安住の地は見つけられるかもしれない。

本章では、企業以外に目的地を見出した人々を取り上げたい。彼らはキャリアを争うことも、企業間を渡り歩くこともしない。〝働く〟という行為自体に、何がしかの意義を求める人々と言える。従来から〝脱サラ〟という言葉が存在したように、けして新しい生き方ではないかもしれない。ただし、ロストジェネレーションである彼らが辿った道は、やはりそれ以前の世代とはどこか違う。彼らは何を思い、レールを後にしたのか。そしてなにより、その後目にした世界はどのようなものだったのか。そこにはきっと新たな価値観が顔を出すに違いない。

昭和的価値観10「失敗を恐れること」
――大企業からNFLへ

年功序列というレールを降りて、自分の足で歩く人間は多い。彼らが何を求めて、そしてその後どうなったのか。それらを彼ら自身の言葉で語ってもらうのが、今回の旅の目的でもある。ただし、成功者に話を聞いても、実はあまり意味が無い。たとえばビジネス的に成功した新興企業のオーナーからは、わざわざ上記のような質問をしなくても、返ってくる答えはだいたい想像がつく。彼らはやりがいか、あるいは豊かさを求めて起業し、実際それらを手にしているわけだ。そんなエスタブリッシュ達の話を聞いても、「へぇーそうなんだ」的なレベルの話で終わってしまうだろう。

もちろん、これから起業したい人間にとっては、そういった話は何よりも貴重なケーススタディになるだろう。ただ、わざわざ僕が書かなくても、そういった本なら他にいくらでも存在する。なにより、今回目的とするのは、あくまでも〝平成的価値観〟そのものだ。そのために、社会的なステイタスや収入のような外的な基準よりも、内面の価値観に焦点をあてるように心がけている。

一言でいえば〝生き方〟だ。

そういう意味で言えば、むしろ成功者よりも、挫折を経験した人間の声にこそ、深い含蓄があるように思える。レールを降りて、目指した目的地には達することができなかったが、人生はその後も長く続いていく。そして、彼の前にはレールの無い荒野が広がるばかりだ。

その時、彼はどうしたか。自分の挑戦を無謀だったと後悔したか。あるいは、別の何かを見出し、再びそれに向けて歩き始めたか。答えは彼だけが知っている。

†高かったプロの壁

待ち合わせ場所に現れたのは、日焼けした肌に無精ひげ、がっちりとした体格の青年だった。分厚いダウンジャケットの上からでも、盛り上がった筋肉の存在が見て取れる。

「いやあ、これでも現役時代からは一五キログラム近く減りましたわ」

時本昌樹氏は日本代表経験もあるアメリカンフットボールの元選手だ。近年、サッカーや野球、バスケットボール等、世界のプロスポーツへ進出する日本人が増えてきている。当然その陰には、華やかなスポットライトの当たるレギュラーを目指す、多くの若者が存在する。彼もそんな若者の一人だった。

「関西の大学オールスターとかにも選ばれてたから、就職も有力実業団チームを抱える大企業に呼んでもらえました」

ただ、彼らはプロではない。あくまでも正社員として働く側で、練習にも汗を流す。

「練習量で言うたら、学生時代の方が上。でも、仕事と練習の両立はしんどいですよ。実業団時代は本当に自由な時間がなかった」

彼の活躍もあって、チームはリーグ優勝も経験した。

「あの頃は、フットボールでは誰にも負けへんっていう自信はありましたね。少なくとも自分のポジションなら。相手の動きが三手先まで読めるような気がしてました」

そんな彼に、大きな転機が訪れる。NFLヨーロッパのトライアウトに合格したのだ。現在六チームで構成される欧州のリーグで、米国NFLの傘下組織として若手選手の育成を行いつつ、欧州での普及も目指す組織である。

「まあ言うても二軍やから、意外といけるんちゃうか、と思ってましたね」

だが、会社を休職し、現地での練習に参加した彼を待っていたのは、これまで経験したことの無い過酷な世界だった。

「まったく通用せえへん。正直、死ぬんちゃうか、と思うたことは何回もありました」

ただ、通用しなかったのは、パワーやテクニック不足が理由ではない。もっと基本的で、そしてもっとも重要なものが、当時の彼には欠けていたという。

「要するにハングリーさ。一プレーにかける覚悟が、日本人とはまるっきり違う」

春のキャンプは八〇人でスタートするが、リーグ開始時には四八人にまで絞り込まれる。当然、そこに残れなかった選手は解雇される。昨日まで一緒にプレーしていた人間が、翌朝になるとロッカーごと消えてしまうなど、そこではありふれた日常だった。

現地に集まる選手のほとんどは、アメリカ人の若手選手だ。彼らには、クビになったら受け入れてくれる企業も、給与の保障も無い。

「そんな連中に、会社から給料もらいながら参加してる人間が勝てるわけがない」

一度、こんなことがあった。キャンプでのことだ。練習ゲームの合間に、彼は近づいてきた一人の選手から、コーチの指示を伝えられた。

「おい、おまえ。俺と交代だってよ」

指示どおり、フィールドを外れてヘルメットを脱いだ時本氏を、監督が注意した。

「なんで勝手に外れるんだ!? 指示なんて出してないぞ!」

要するに、騙されたのだ。だが、時本氏が驚いたのは、プレーするために平気で嘘をつくチームメイトの執念だけではない。

「監督も誰も、そいつを引っ張り出そうとせえへん。それどころか、プレーしているのを見て『あいつ、なかなかいいな』なんて言い出すくらい。要するに、騙そうが何しようが、結果が良ければそれで良しなんですわ。ああ、これがホンマの実力主義かって」

実業団の選手は、引退すれば正社員として、安定した暮らしが待っている。それはけして悪いことではなく、人間なら誰しも望む幸福だ。ただ、〝それ〟とはまったく違う世界を見せつけられて、彼は自分の今のスタンスに疑問を持った。

「おまえがこれまでやってきたんは一体何なんやって……彼らを見ていて、そう思いました」

彼は翌年、会社を退職すると、単身アメリカに渡る。現地のアメリカ人選手たちと同じ条件で、キャンプを戦い抜くためだ。二〇〇四年の現役引退まで、ヨーロッパでの挑戦は続いた。キャンプのサバイバルレースを生き残り、リーグ戦にも三度出場した。だが、NFL本体に上がることはついになかった。

もちろん、一度降りたレールには、もう戻ることはできない。

†全力でぶつかってこそ、次の道が開ける

現在、彼は国内のクラブチームのコーチとして、現役選手をサポートする立場にまわっている。他にもトレーナー養成学校の講師などもこなし、忙しさは実業団時代に匹敵する。

「フットボールは事前の情報分析や戦略が非常に重要。だからコーチやトレーナーの役割はとてつもなく大きい。全力で勝負できた自分やからこそ、できるアドバイスもあると思うんです」

もう一つ、彼が今、力を入れている活動がある。友人達と立ち上げたNPO運営だ。

フラッグフットボールというスポーツがある。簡単に言うと、タックルの代わりに小さな旗を使うフットボールで（腰につけたそれを取ればタックル）、運動能力に関係なく気軽に楽しむことができる。

「元々、フラッグフットボールを通じてアメフトを普及させようと始めた活動です。でも、それをやっていく中で、フットボールの新しい可能性に気付いたんです」

活動地域の子供向けの講習会で、競技に参加した子供達に面白い変化が見られるという。それまであまり他の子と話そうとしなかった子が、競技が進むうち、次第にうちとけるようになっていき、最後には表情まで変わるのだ。

理由は、フットボールという競技の持つ高度な戦略性にある。まず、作戦をたてて、役割分担を明確にする。スポーツの得意な子にはもちろん、苦手な子にもちゃんと役割は与えられるわけだ。それを怠れば、どんな強豪チームであっても、苦戦は免れない。かけっこが速いだけでは勝てないゲームなのだ。

「あえていうなら、一番重要な要素はコミュニケーション能力。これは実社会でも同じですよね。でも最近の子は、意外とそれが苦手な子が多い。うちでの活動を通じて、その重要性を学んでもらえるはず」

我々は、子供時代に缶蹴りや鬼ごっこで遊んだ最後の世代だ。その中で、コミュニケーションや共同作業といった、社会で生きる上の基礎能力を学んできた。ちょうど、子猫同士がじゃれあうことで、猫同士のマナーを学ぶようなものだ。

だが、遊びのインドア化により、人間関係の希薄化は確実に進んでいる。

「そういう点では、僕は三〇歳まで缶蹴りしていたようなもんやから（笑）、そのメリットを伝えていきたい」

最後に、もし今、二五歳の頃に戻れるとしたら、どういう選択をするか質問してみた。やはりもう一度レールを降りて挑戦するか、それとも大企業の正社員という地位を選ぶか。少し考えてから、彼は彼らしい表現で答えてくれた。

「タックルみたいなもんなんです、人生って。腰が入ってないへろへろのタックルなんて、当たっても効かへん。全力でぶつかってこそ、次の道が開けるんやと思います」

レールを降りて、目指した目的地はあまりにも遠かった。ただ、彼には今、別の新しい目的地が見えている。終身雇用という柵を乗り越えてこそ、見えてくるものもあるのだ。

昭和的価値観11「公私混同はしないこと」
――サラリーマンからベストセラー作家になった山田真哉氏

仕事って何だろう。これほど回答者の人生観がにじみ出る質問も他にない。

「それは、自己実現のためのステップだ」

日々の暮らしの先に高い目標を掲げる人間なら、こう答えるはずだ。彼らは人生に何かしらの意義を求める。

「仕事？　生きる糧を得るために決まってるだろう」

人生とは文字通り人が生きる行為でしかなく、そのために働くことは必要悪だと割り切る人間もいる。本音の部分では、このタイプが多数派だろう。フォローしておくと、彼らは別に志が低いわけでもなんでもなく、単に「仕事以外のなにか」に人生の軸足を移しているだけの話だ。

いずれにせよ、働くという行為は、その何かを得るためのツールなのだ。そうである以上は、本来の動機と、飯を得るための仕事との間には、たいていずれがあるものだ。そのずれがあまりにも大きいと、人はとてもフラストレーションがたまってしまう。「そうはいっても仕事だからしょうがない」と割り切れれば良いのだが、本来は手段であるはずの仕事にやたらボリュームがあり、日々の暮らしの過半を占めてしまうようだと、これはもう悲劇というほかない。

逆にずれが少なければ、その人にとって、その仕事は天職と言えるほど楽しいものとなる。少々残業が多かろうが、身体的にくたくたになろうが、仕事上がりの充実感は何よりの幸福だ。

どこの職場でも見られるであろう、「あ〜仕事がめんどくさい」という人と「この敗北主義者め！」という同僚の間の議論は、きっとどこまでいっても平行線だろう。彼らは、単に根っこの価値観が違うというだけの話なのだ。

となると、もっとも幸せな人は、働くという行為と、自分の動機が完全に一致する人間だろう（中には無理やり新人研修などで一致させようとする企業もあるが、世間ではそれを〝洗脳〟という）。大雑把に言ってしまえば、「やりたいことをやって、それで生きていける人」ということになる。

そういう意味では、彼らは万人に一人の選ばれた人間と言えるかもしれない。確かに、そんな幸運な人など、そうはいないのも事実だ。彼らは昭和的価値観の地平から飛び立ち、天空に燦然と輝く北極星のような存在に違いない。

彼らの目には、混沌とした地上はどのように映っているのだろう。そして、彼らはいかにして、動機と行為のベクトルを一致させえたのか。運だけではない何かがあるとすれば、それは万人にとって、かけがえのないアドバイスとなるはずだ。

人類の歴史は、伝記と共にある。それは、大衆が常に先の命題に思い悩み、「天命を見出すためのアドバイス」を過去の偉人に求め続けてきたからだ。

ただし、聖徳太子や二宮尊徳は、いかんせん生きた時代が違いすぎて、現代の若者にとっては、優秀なアドバイザーとはなれそうにない。ここは一つ、同時代をリアルタイムで生き、苦しみ、そして天命を見つけた若者に、自分の言葉で語ってもらうしかないだろう。

†先輩が楽しそうに見えなかった職場

公認会計士の山田真哉氏は、今年で三一歳になる。現在は大手公認会計事務所から独立し、自分の事務所を切り盛りする日々だ。山田氏の名前は知らないという人でも、『さおだけ屋はなぜ潰れないのか?』(光文社新書)という本の名前は、きっと聞いたことがあるはずだ。二〇〇五年に出版され、一五〇万部を超える大ベストセラーとなった同書のタイトルは、いまだ記憶に新しい。

「会計の重要性が社会的に認識されはじめた時期でもあり、ニーズはあると思っていましたが。

まさかあんなに売れるとは。嬉しい誤算ですね」

個人投資家の増大や、一連の粉飾決算などで、個人の会計への関心が高まっていた時期だ。会計の仕組みをわかりやすく解説した同書は、今でも入門書としての輝きを失わない。

いまや経済誌から講演会まで、各所で引っ張りだこの同氏だが、最初からこの道を目指したわけではない。彼にもごく普通のサラリーマン時代はあった。

彼が大学を卒業したのは九九年、まさに就職氷河期世代の真っ只中だ。予備校の職員として社会に出た彼だが、わずか二ヶ月で辞めてしまう。

「そういう点では、〝普通〟ですらない。落ちこぼれサラリーマンかな」

彼がせっかく得た職を捨てた理由とはなんだろう。将来独立する準備のためか。それとも、既に執筆を志していたのか。

「いや、ただなんとなく(笑)逃げるように辞めましたね。次に何をやろうか、明確には決めてさえいなかった。だから、辞めた後になって、なんとなく会計士を目指してみたわけです」

といっても、彼が耐えられなかったのは、賃金の安さや仕事のきつさといったものではない。それは少々特殊で、一言でいうなら「わくわく感の無さ」だ。

「財形貯蓄を始めたんです。数字には強かったので、月いくらずつ積み立てて、三五歳でいくら、五〇歳でいくらと計算する。年功序列だから、各年代でもらえる給与もだいたいわかる。

しかも職場には、各年代の人間が並んでいるから、実際の生活風景まで想像できてしまう」

重い住宅ローンを背負いつつ、食べたいものも食べず、残業代を稼ぐためにオフィスに遅くまで残る先輩たち……それが一〇年後、二〇年後の自分の姿そのものだと気づくと、彼にはそれ以上、そのレールの上に留まることができなかった。

「別に給料が安いなんてことは無かったですよ。ただ、なんというか、彼らはまったく楽しそうに見えなかったんです。日々仕方なく、いやいや会社にきている。自分も今にそうなると思うと、耐えられなかった」

仕事をツールだと割り切れれば、それはそれで楽しい人生だ。ただ、ここ日本では、仕事こそ人生最大の見せ場とされている。〝割り切り〟が認知される余地は少ない。どんなにつまらなく味気ない仕事であっても、それは彼の伝記において、半ば以上を飾ることになる。

もちろん、やりたいことをやるためには、相応の努力が欠かせない。彼は寝食を忘れた猛勉強の末、一年で公認会計士試験に合格した。大手会計事務所に入った彼は、ようやく仕事と動機のベクトルを近づけることに成功する。

「本当に忙しい事務所でしたが、仕事は楽しかったですよ。はじめて本を書いたのもその頃でしたね」

ぶすぶすとくすぶっていた才能が、ようやく本来のフィールドで機能し始めたと言えるだろう。これまではどちらかというと空回りしていた歯車が、ようやく嚙み合ったというべきか。

†座右の銘は〝公私混同〟

三年半の勤務の後、独立。その後の活躍は先のとおりだ。ただ、ずっと順調だったわけではない。たとえば独立直後、頼みとしていた原作担当のマンガが打ち切りになったこともある。安定した生活を捨てる際に、ためらいはなかったのか。

「うちは、父親がそもそも昭和的な人ではなかったんです。毎日夕方には帰ってきてのんびりしている。仕事なんてその程度のものと考えていたんでしょう。息子の私も、自然と似たようなスタンスでしたね」

寄らば大樹という考えは、昭和的価値観に特に根強い。何があろうとレールの上に残りさえすれば、かならず報われる……こうなるともう、昭和教ともいうべき宗教だ。特に古い世代の中には、それの狂信的な信者がいて、僕自身もかつて「会社を辞めれば地獄に落ちるぞ」なんて言われた経験がある。その時は、なんだか背教者にでもなったような気分だった。

ただ、その教えは既にぼろぼろとメッキがはがれ始めている。事実、彼の所属していた大手会計事務所も、今はもうない。

成長の時代、一生懸命働けば、誰でもそれなりに出世もお金も手に入った。だから社会全体に「男は仕事で燃え尽きろ」的な価値観が生まれ、日本人は世界一勤勉な民族となり、電化製品同様、過労死という言葉まで輸出されることになった。この仕事観は、最初の分類で言うなら（自己実現の範囲がひどく限定的ながら）前者の亜種と言える。

ただし、もうそんな時代は終わったのだ。黙々とすべてを犠牲にして働いたところで、得られるものはとても自己実現などとは言えない程度のものでしかない。特に今の三五歳以下の若年層なら、生涯平社員、団塊世代の七割程度の生涯賃金という人間の方が、むしろ多数派だろう。

ならば、カビの生えたような古臭い教えは捨て、各自が自分の動機を目指せばよいのだ。

山田氏は現在、自身の会計事務所に加え、東京糸井重里事務所のＣＦＯ（最高財務責任者）も務める（現在は退任）。執筆業でも、本業の会計はもちろん、書評やアニメ評論まで幅広く筆をとる日々だ。

「仕事時間は多いですね。日に一二〜一八時間くらいは、原稿や数字のことで頭がいっぱいです」

それでも、まったく苦にはならないと彼は言う。なぜなら、それらは彼が本来抱いていた動機と、完全に一致しているからだ。二〇年三〇年続こうと、苦にはならないだろう。

最近、Ｗｅｂ上でブログやＳＮＳといった形での情報発信を行う人が増えている。単なる日々の出来事を記した日記から、社会問題を扱う硬派な問題提起まで、ジャンルは実に幅広い。人々が仕事以外での居場所を求めている結果だと、山田氏は考えている。

「みんな仕事で忙しいはずですよ。でもそうやって、自分の趣味・嗜好の発現の場を設け、コミュニティを形成している。中には徹夜明けでもブログ更新だけは欠かさないという人もいるくらい。それだけ、仕事だけで満たされる時代ではなくなっているということでしょう」

仕事は何事にも優先され、プライベートを主張するのは悪とみなされる社風の企業は、いまだに多い。ただ、企業の優劣がボリュームだけで決まる時代は既に終わっている。二一世紀は多様な消費ニーズに応えられる企業の時代だ。生気のない目で机にかじりつく社員ばかりの会社に、顧客を魅了するサービスが期待できるだろうか？

「私の座右の銘は〝公私混同〟。仕事にせよ余暇にせよ、人生として楽しまないと、良い仕事なんてできませんからね」

山田氏はインタビューの間じゅう、ずっと楽しそうに話をしてくれた。きっと、オフィスでも同じ様子なのだろう。

昭和的価値観12「盆暮れ正月以外、お墓参りには行かないこと」
――赤門から仏門へ、東大卒業後、出家した彼の人生

今さらな話だが、僕は一応、東大を卒業している。

そこでそんなに熱心に勉強した記憶もないし、仕事柄、学歴というものが既にほとんど意味を持たないことも知っているから、普段、特にOBだということは意識しない。

それでも一応、向こうは卒業生だと認識しているらしく、学生との交流イベントの案内などはたまに送ってくれる。そんな会の一つに参加したときのことだ。本郷キャンパスの大ホールに集まったOBは一〇〇人以上。キャリア官僚から銀行員、ベンチャー企業の役員まで、幅広い分野で働く二〇代、三〇代の卒業生がひしめきあう。業種は違えど、こうして集めてみると、やはりどことなく〝東大臭さ〟が漂うから不思議なものだ。かくいう自分も、他人から見ればそんな匂いのする一人なのだろうが。

そんな中、一人だけ、周囲とは異質なオーラを放つ男がいた。くりくりの坊主頭が実にまぶ

しい。高校球児の丸刈りなんてものではなく、青々とした五厘刈りだ。もうこの時点で、たぶんアウトサイダーだろうとあたりをつける。やれ○○官僚だの××銀行だの、もうそういうのに食傷気味だった僕は、迷うことなく、くりくり頭に話しかけた。

†生きる道として、仏教に取り組みたい

「浄土真宗の僧侶をしているものです」

彼の自己紹介は、ある意味、すごくしっくりくるものだった。

ただ、その経歴は実に面白い。

松本圭介氏が東京大学文学部を卒業したのは、二〇〇三年の春。就職先は官庁でもなく、商社でもなく（というかそもそも就職という概念ですらなく）出家だった。まさに〝赤門から仏門へ〟ストレートに進んだわけだ。

もちろん、なにか罪を犯したとか、世間に絶望とかいうわけではない。

「大学では哲学科に在籍していましたが、やはり日本人の自分にとってしっくり来るのは仏教だと気がつきました。それも研究対象としてではなく、生きる道として取り組んでみたいと。伝統仏教というのはもはや単なる一宗教ではなく、社会、思想、そして哲学にまたがる日本文化ですから、それは一生をかけるに値する仕事でしょう」

そんな彼も、三年生の時は進路で迷ったこともある。周囲は次々と名だたる大企業に内定をもらい、その後のキャリアを思い描く時期だ。特に、友人の一人が広告代理店に就職を決めた時は、自分もそちらへ……という思いがよぎった。彼の希望していた仏教系のコンテンツ再発掘は、そういった業種でこそ可能なのではないか、と考えたためだ。

ただ、結局彼が道を変えることは無かった。

「やはり、一度どっぷりと仏教に首まで浸ってみたかったんです。そうしなければ見えてこないこともある。それで初めて手も口も出せるようになる。最後はそれが決め手でしたね」

卒業後、知人に紹介された都内のお寺に、半ば駆け込みで入門し、そのまま住み込みで修行生活に入った。現在は正式に得度し、一僧侶として宗派の活動に従事している身だ。

よく、お坊さんと聞くと、法事やお葬式の時だけの季節労働をイメージする人がいる。実際、副業を持ち、週末だけ僧侶として活動するという人も珍しくはない。

ただ、彼の場合、所属するお寺の日常業務に加え、本願寺関係法人職員としてのさまざまな業務もこなしている。

特に力を入れているのは、一般社会への情報発信だ。たとえば、所属する寺にオープンカフェのようなスペースを設け、平日の昼間なら誰でも気軽に立ち寄れる空間を提供している。昼下がりの散歩を楽しむ主婦から、ノートPCを抱えたサラリーマンまで、従来はあまり見られなかった人たちが、今では普通に境内でくつろいでいる。

また、普段はなかなか寺へ足を運ぶ機会のない若い世代向けに、〝誰そ彼〟（たそがれ）という名の音楽イベントも定期的に開催中だ。二〇〇五年、二〇〇六年、二〇〇七年には、築地本願寺の本堂内にて、二〇〇〇人以上を集めた一大イベントも開催した。ちなみに、イベント名は『他力本願でいこう！』。なんだか俗っぽい響きだが、〝他力本願〟とは、彼の宗派にとってもっとも重要な教義でもある。

「場所を貸すだけではなく、お寺自身が主催することで、さまざまなメッセージを発信していきたい」という彼の想いが、こんなところにも込められている。

個人としての活動も面白い。彼が中心となってWeb上に開山した『虚空山　彼岸寺』は、宗派を超えた複数の僧侶らで運営されるインターネット寺院だ。Webというメディアを使うことで、二四時間三六五日、世界中に仏教コンテンツを提供し続けている。

二〇〇五年には本も出版した。タイトルは『おぼうさん、はじめました。』（ダイヤモンド社）。ちなみに、冒頭の「赤門から仏門へ」というフレーズは、この本で使われているキャッチコピーだ。

†お坊さんは、職業でなく生き方

　ところで、彼がここまで社会との関わりにこだわるのはなぜだろう。実は、彼にはある危機感がある。

「本来、仏教は社会と一体となって歩んできたものなんです。村のサロンであり、公共スペースであり、学校でもあった。それがいつの間にか、小さくまとまってしまって……こんなにすばらしいコンテンツに溢れているのに、それが社会にまで届いていない。これは仏教にとってはもちろん、社会にとってもとても不幸なことだと思います」

　彼の指摘は、現代日本の隙間を鋭く突いている。たとえば僕自身、田舎に帰れば一族ゆかりの寺があり、そこには仏様がお座りになっていて、たまの盆くらいはお参りもする。でも普段の生活においては、仏様はどこにもいらっしゃらない。というよりも宗教自体、完全に空白なのだ。日本全国、実家を離れて暮らす人々の心の中で、いつの間にか空白地帯が広がってしまっている。

「お寺がそれぞれの檀家を囲い込み、その中に閉じこもっているだけでは、今の社会には対応できないでしょう」

　その檀家制度にしても、既にほころびが見えはじめている。地方を中心に、少子化と過疎化の影響により、檀家から入る収入だけでは成り立たないお寺が増えているのだ。もちろん、まさかお墓を抱えて都会に出てくるわけにもいかない。実際、本来は妻帯を認めていなかった宗派の多くも、かなり世襲化が進んでいる。そうしなければ後継者が確保できないためだ。

その一方で、ただ「大きなお寺に生まれた」というだけの理由で、経済的に恵まれた寺院を世襲できる人間もいる。こうなると単なる既得権の相続でしかない。格差問題は伝統仏教の世界でも深刻な問題なのだ。

いずれにせよ、このまま現代人の心の空白に手をこまねいているだけでは、遠からず仏教は衰退してしまうだろう。

「いまどき、宗教がなくたって困りはしない」という人もいるかもしれない。確かに、文明の進歩によって、多くの人にとって死はずいぶんと縁遠いものになったのも事実だ。だがそれは必ずやってくる。家族にも、自分にも。それが消えてなくならない以上、宗教の必要性が消えてなくなることはないはずだ。

「完璧に設計され、環境の変化など受け付けない存在」ならば、変化など必要ない。そんな絶対的な存在があるとすれば、きっと神様仏様くらいのものだろう。その神様仏様を奉じる宗教ですら、変化を求められる時代なのだ。

彼が目指すのは、仏教と社会の新たな関わり方を見つけること、そしてもう一度、人々の心の中に仏様の居場所を作ることだ。

「私にとって、お坊さんというのは職業ではなく、一つの生き方ですね」

†自分の目指すものを自分の言葉で語れるということ

ところで、東大生との交流イベントの際、彼と会話を交わした学生のほとんどすべてが、ある共通の質問をしたという。

「どうしてお坊さんになったんですか?」

その時のことを、彼は面白そうに語ってくれた。

「逆に私が、『ではどうしてあなたは官僚になりたいと思うんですか?』と聞くと、みんな答えられないんです。不思議ですね」

人に聞いた質問に対し、自分は答えられないということは、そこに固定観念があるということだ。良い大学を出て、誰でも知っている大企業に就職する、そんな昭和的価値観を、エリート達はいつの間にか植え付けられているわけだ。

アウトサイダーの定義を一言で述べるのは難しい。ただ、彼らに共通して言えることが一つだけある。それは、彼らアウトサイダーは、自分の目指すものを、自分の言葉で語れるということだ。

もちろん、そんなものなど必要ないと言うのなら、それはそれでかまわない。

ただ、もし学歴というちっぽけな飾りのせいで、今の場所から動けなくなっているのだとしたら。そんな飾りは、とっとと捨ててしまったほうがいいだろう。

昭和的価値観13「酒は飲んでも飲まれないこと」

――グローバルビジネスマンからバーテンダーへ

銀座の外れ、歌舞伎座の近くに、そのバーはひっそりと店を構えている。周囲には老舗の料亭が並び、朝に築地で仕入れたばかりのネタを振舞う寿司の名店も多い。中央通りのような華やかさはないが、喧騒を離れて、しっとりとした居心地の良い空間を提供してくれる店だ。

マスターはまだ若いものの、サービスに対するこだわりは老舗にひけを取らない。季節の素材を活かしたカクテルとシングルモルトの品揃えが自慢で、それらはすべて彼自身が吟味したものだ。店の内装にもこだわっている。設計段階からタッチし、デザイナーと直接やり取りする中で決めていったものだ。提供する商品はもちろん、空間も含めたすべてがサービスであり、オーナーの感性の一部だというのが彼の持論だ。

隠れ家的な雰囲気に惹かれ、いつの間にか店に通うようになって一年が経つ。ちょうど銀座と築地と新橋の真ん中あたりだ。そんな土地柄もあってか、店にはいろいろな客が顔を出す。

料亭の後をスコッチでしめたい大企業の役員から、銀座のクラブのオーナーまで。きっと中には飛び切りのアウトサイダーもいるはずだ。僕は、自分が今取り組んでいるテーマを彼に話し、自分の考えを説明した。昭和と平成、二つの価値観の過渡期と、そこに出現するアウトサイダーたち。彼なら、それに見合った面白い人物を紹介してくれるだろう。

「……私自身もそうかもしれません。いや、別に大した人間じゃありませんが」

拭き終わったグラスを並べつつ、彼は自身の二〇代を語ってくれた。

†決まりきった日々の繰り返しに疑問が

大山氏（仮名）が大学を卒業したのは九九年、就職氷河期真っ只中のことだ。とはいっても何事もそつのない彼のこと、某大企業に無事内定し、本社管理部門での社会人生活が始まった。シェイカーを手足のごとく振る今の姿からは想像も付かないが、海外拠点を統括するヘッドクォーターの一員として、夜討ち朝駆けが基本というグローバルビジネスマンだったわけだ。

「忙しい日々でしたよ。残業は月平均で八〇時間くらい。入社して、仕事が一段落したらテレビを買いにいこうと思ったんですけど、とうとう退職するまで買いにいけませんでした」

九・一一テロの際は、世界中の拠点および取引先から殺到する国際電話に、一人で朝までかかりっきりだったこともある。もっとも、忙しくとも充実した日々であったのは確かだ。なによりも、本社の海外統括部門というエリートコースは、安定した出世を保証するものだった。ポストバブル世代の多くが求めてやまないものが、当時の彼にはあったわけだ。

ただ、しばらくして、彼は自分の中のある違和感の存在に気づく。仕事を通じて、一定の賃金はもちろん、充実感も得られるものの、それだけでは満足できない何かがあるのだ。困ったことに、そのわだかまりは日を追うごとに大きく深く、心の底に根を張っていく。言わばもう一人の自分がふて腐れているようなものだ。

日中、忙しく働いている間はまだいい。問題は夜で、疲れきって部屋に戻ると、そいつと二人、正面から向かい合うことになる。そいつを黙らせる手っ取り早い手段は酒だった。とりあえずぐでんぐでんになるまで酒を呷れば、文句も言わずに眠ってくれる。

「ほとんど毎日、お酒は飲んでいましたね。まあ元々好きだったからいいんですけど」

そいつの言い分はよく理解できた。

「決まりきった日々の繰り返し、怠惰でまどろむような人生。俺が欲しいのはこんなものじゃない」

生の充実感とは、自己の個性を発揮し、その動機を達成することでしか得られないものだ。なるほど、確かに今いる場所は、そんなものとは無縁の世界に違いない。

ここで重要なのは、その動機というものが、本来は誰からも与えられたものではなく、自分で見付け出さなければならないという点だろう。親から教え込まれるものでも、ましてや周囲の評判などで決められるものでもないのだ。

そういう意味では彼もまた、(少なくともそれまでは)昭和的価値観に縛られた生き方をしていたと言える。特に目的は無くとも良い大学に行き、具体的なイメージは抱けなくとも、誰もが知っている大企業に入ること。いつの間にやら、どこかの誰かがこさえた動機で、自分自身を縛り上げていたわけだ。

ふて腐れて文句を垂れていたのは、縛られて身動きの出来ない自分本来の動機だったのだ。元々、彼には「バーテンダーになる」という夢があった。学生時代、新宿のクラブでバイトをしたのがきっかけだ。単に時給いくらで決められたレシピどおりにリキュールを注ぐ仕事ではなく、彼はそれを自己表現だと捉えた。

「カクテルは指と舌と感性。その三つを使った創作活動なんです。ワインやスコッチもそうですね。自分の舌と経験で選んだ品を、お客さんのリクエストに応じて提供する。そうやって信頼関係を築いていって、はじめてリピーターは生まれるものなんです」

ではなぜ企業に就職したのか。彼自身、理由はよくわからない。気が付けば就職活動を開始し、大企業にエントリーシートを送っていた。

「誰に言われたわけでもないのに、それが当然だと思ってたんでしょう(笑)」

それこそが昭和的価値観だ。そいつは人を眠らせ、いつの間にか歯車にしてしまう。しかも始末の悪いことに、周囲の人間の多くも、それを当然のことだと考えてしまっている。

「若いうちは誰でも悩むもんだから。考える余裕がある分、仕事で汗を流せ」

と、閉じた世界しか知らないはずのベテランたちは、わかった風な口調で若者を挫く。そうして汗でごまかすうち、人はいつしか後戻りできない年齢になってしまい、気がつけば若者を諭す側に回ってしまうことになる。誰かがどこかでこのスパイラルを断ち切らなければ、新たな価値観など生まれてはこないし、社会は百年経っても変わらない。

ただ、彼は途中で目が覚めた。四年目で会社を辞めた彼は、老舗のバーに飛び込むと、一から酒の修行を始める。渋谷に最初の店を出したのは二七歳の時。〝若者の街〟での貴重な大人向けスポットとして、すぐに固定客がついた。現在の店舗は、仕事ぶりを見込んだ常連の紹介で間借りできたものだ。この歳で自己資金のみで銀座に進出したのだから、立派なものだろう。

†就職氷河期世代の葛藤

ところで、彼が昭和の夢から目覚めたきっかけとはなんだろう。

「我々が卒業したのは、まさに就職氷河期の真っ只中、新卒求人倍率も一・〇に近い年でした。だから周囲の人間もみな、自分の人生に対して真剣でしたよ」

二〇〇七年現在からは想像もつかないが、東大の学生でも就職浪人する人間が普通にいた時期だ。「良い大学に入ったんだから、あとはなんとかなるだろう」と楽観していた学生の多くが、突然放り込まれたサバイバルレースに困惑しきっていた。

「君のキャリアビジョンは？」「そのためにどういう自己投資を行ってきましたか？」

企業は採用数を抑制し、幹部候補たりえる人材にターゲットを絞った。つまり、向上心と主体性を持った学生だ。それを勝ち上がった若者は当然、常に自分の将来のビジョンについて高い意識を持っている。レールに乗りそびれた人間は言うまでもない。彼らにはそもそもレールなど無いのだから、どこへ行って何をするかは、自分で決めるしかないのだ。

企業が若者に求めた素質が、結果的に脱昭和的価値観の萌芽となったのは、実に皮肉な話だろう。

「私の友人にもいろいろいますよ。フリーターから苦労して起業した人間。田舎の市役所に潜り込んだものの、売り手市場に血が騒いで、昔落とされた会社にリベンジ転職した人間……動機は人それぞれですが、みな自分の人生について考えに考え抜いて選択しているわけです」

こんな話があった。友人で都銀に就職した人間が、数年ぶりに飲みにやってきた時の事だ。その人も三年で銀行を辞め、現在は従業員一〇人のベンチャーで忙しく働いていると聞き、思わず大山氏は聞いたらしい。

「え!?　もったいない……なんで辞めたの?」

「いや、お前に言われたくないよ」

就職氷河期世代は、社会に出る際に、昭和のレールが崩れた最初の世代だ。自分が何をすべきか。戦後世代の中で、そのテーマに向き合った初の世代と言えるかもしれない。

「きっと、私の中にあった葛藤は、誰もが経験するものでしょう。自分の好きなことと、生きるためにしなければならない仕事は別ですから。ただ、とりあえず好きなことにトライするのが人生であり、若さだと思うんです。そういう過程を経ないまま、いつの間にかレールを進んでいたわけですね」

もちろん、そんな葛藤とは無縁の人もいるはずだ。そもそも会社とは、生活費を稼ぐための必要悪でしかないと割り切れる人も多いだろう。そんな人はアウトサイダーになる必要は無いし、むしろ自らの幸運を感謝するといい。

ただ、自分の中に「ふて腐れた飲んだくれ」を囲っている人は、たまにはそいつの話を聞いてみるといい。「酒は飲んでも飲まれるな」とはよく言うが、一度くらい飲まれてみれば、案外と良い話が聞けるかもしれない。しょせん物事の正否なんて、価値観の問題にすぎないのだから。

現在、新卒求人倍率は二倍を超え、求人倍率だけならバブル以来の売り手市場だ。そのため

「氷河期世代は、ただ運が悪かった連中だ」とばかりに、以前と同じ昭和の夢にまどろみ続けている若者も少なくない。だが年功序列制度において重要なのは、入り口ではなく二〇年後だ。どれほど大企業であろうと、高給取りのベテランで社内が溢れていようと、自分がそこに到達できる保証なんて既にどこにもない時代だということは、覚えておくといい。

†スコッチの個性は、なぜ出てくるか

時計の針が零時を回ると、店内の客も、一人二人と家路につく。二時を過ぎた頃には、いつの間にかマスターと二人きりになっていた。

「最後に何か、おススメのシングルモルトを頼むよ」

ボトルを棚の奥から引っ張り出すついでに、彼はスコッチの話をしてくれた。スコッチは蒸留所のポットスティル（蒸留釜）の中で生まれた後、様々な種類の樽、色々な場所で熟成されることで、千差万別の味わいを見せる。たとえばアイラモルトなら、厳しい潮風にさらされる海辺で歳を経るうち、スモーキーなピート香をその身にまとうことになる。その後はバーボンやシェリーなど、風合いの異なる樽に詰め替えられることで、個性を出していくわけだ。

「この仕事をしていると、いろいろな人に出会いますよ」

ラフロイグ一五年を注ぎながら、彼は言う。

「そういう意味では、スコッチに似ているかもしれない。回り道や畑違いの経験を積み重ねることで、後から風味が出る、そんな気がします」

ずっとボトルの中だけで過ごしていては、何年経っても味なんて出るわけがない。もし、人生において自分だけの風味を出したいのであれば、大切なのは潮風にあたることだ。

昭和的価値観14「フリーターは負け組だということ」
――フリーター雑誌が模索する、新しい生き方

バブル崩壊によって、消えてしまった言葉は多い。トレンディードラマ、ボディコン、内定者拘束海外旅行……これらの言葉がこの国に現れることは、たぶんもう二度とないだろう。

その一方で、〝非正規雇用〟のように新しく生まれた言葉もある。フリーターや派遣社員といった雇用形態で働く労働者のことだ。どう新しいのかというと、あたまに〝非〟とつけるだけで、本来正社員に適用されるべき終身雇用や厚生年金加入義務が、一切適用されなくなるのだ。毎年めんどくさい労使交渉をする必要もなく、ボーナスや退職金積み立ての必要もない。特に、賃下げ、契約解除といった柔軟な雇用が可能な点は、従来の正社員とは一線を画するものだった。

バブル後の不況に苦しむ企業は、一斉にこれに飛びついた。九一年度一九パーセントだった非正規雇用比率は、一五年後には三三パーセントにまで達している。もちろん、その中心は、

その時代に社会に出た若者や、一般職から派遣社員に置き換えられた女性たちが中心だ。結果的に、彼ら非正規雇用労働者は、正社員という既得権層を守るために生み出された被搾取階層だと言えるだろう。

「まあなんて可哀想なの、ホントに経団連はひどいわね」と口では同情を装う正社員も多いが、そうやって叩き出した利益をベアとして要求している以上、彼らも同じ穴のムジナだろう。利益を得ている以上、少なくとも司法の世界では立派な共犯関係が成立する。

そういう生い立ちもあってか、いまだに日本の雇用状況は、〝非〟で区切られたダブルスタンダード状態だ。業績悪化やコスト削減という問題に直面した企業は、非正規労働者を使って人件費を調節することになる。そしてこれこそが格差問題の本質なのだ。

そういった問題がようやくクローズアップされるようになったのは、一昨年あたりからだ。今ではあちこちに、不安定雇用労働者が中心となった労組やNPOが立ち上げられ、少しずつ声を上げ始めている。当然、彼らの要求は正社員との格差解消、待遇向上が中心で、労使協調を旨としてきた既存労組などよりもずっと闘争色が強い。

†非正規雇用問題に取り組む〝文芸誌〟

僕が『フリーターズフリー』という新刊雑誌から寄稿依頼を受けたのは、そんな状況での話だ。「任せてくれ」とばかりに気合を入れて書いたのだが、出来上がった雑誌を見ると、格差・権利・闘争といった言葉はほとんど出てこない。たとえば、働きたくとも働けない障害者が、淡々と日々の思いと活動を記す。一〇代からフリーター、派遣、自動車期間工といった非正規労働を駆け抜けてきた人間が、経験を元にそれらを総括し、おススメな非正規労働を紹介する。そこにあるのは、今の自分を肯定し受け入れることで、別の何かを見出そうとする人々の姿だ。なんだか僕の原稿だけが、悲しいほどに浮いてしまっていたのを記憶している。

非正規雇用自体は、確かに九〇年以前からずっと存在し続けていたものだ。フリーターという言葉が生まれる以前から、コンビニには時給いくらで働くパートがいたし、釜ヶ崎では高度成長期以来、日雇いで日々の仕事を請けおう労働者が存在し続けていた。彼らの存在がクローズアップされるようになったのは、従来に比べてそちらに進む人間が増えたため、いや、もっと言えば、本当は正社員になるつもりだったのに、状況的にそちらに流されてしまった人間が多数出現したことが理由だ。元々の住人である彼らに言わせれば、「何をいまさらしゃらくさい」といったところか。格差是正を訴えるニューカマーの主張は、時に彼ら先住者の価値観を否定することもある。

我々の社会は、元々彼らの世界を内包しつつ成り立っていたのだ。今後、格差自体には取り組んでいくとしても、その生き方自体を全否定すべきではないだろう。

「確かに、ちょっと他の方々とは違う視点かもしれない。労働運動の機関紙というよりは、どちらかというと文芸誌を意識しているんです」

そう語ってくれたのは、『フリーターズフリー』の編者の一人である大澤信亮氏だ。彼はフリーライターや大学助手といった仕事を掛け持ちしつつ、このテーマに取り組んでいる。彼の場合、もともと組織に就職する意識自体がなかった。

「正社員の仕事は、自分にはできそうにないですね。そういう意味では、今の仕事は稼げはしないけれど、ある程度は自分のやりたいことをやれるという満足感はある」

同じく編者の一人であり、現在は福祉NPO職員として働く杉田俊介氏も、大澤氏と同様のスタンスだ。

「雇用における格差問題が存在することは事実ですし、誰かが取り組まないといけないでしょう。でも、たとえ格差が縮小したとしても、フリーターやワーキングプアが完全に消えてなくなるわけではない。椅子取りゲームでは、いかに椅子に座るかに頭を使うべきだけど、座れないなら座れないなりに、幸せになる方法を考える人間が一人くらいいてもいい」

介護事業は、業務の過酷さの割に、けして安定した業種とはいえない。彼自身、共働きでやっと生活を維持している状況だ。

「厳しいことは事実。でも、自分で選んだ仕事ですから、なんとか意義を見出したい」

きっかけは、フリーター問題をネット上で考察していた杉田氏と（それは著書『フリーターにとって「自由」とは何か』人文書院・二〇〇五年、に結実する）、ネットや同人誌で文学活動をしていた大澤氏のクロスオーバーだった。その後、口コミで輪を広げ、創刊にこぎつけたメンバーは四人。みな、年功序列とか終身雇用といった昭和の価値観とは無縁の世界で生きている。

†インサイダーが、果たして幸せなのか？

彼らがテーマとしているのは、フリーターとして生きることの価値観の模索だ。

『フリーターズフリー』は、LLP（有限責任事業組合）という形式をとっており、参加者が出資と同時に一種の自治権を持ち、経営者も雇用労働者も持たない点に特徴がある。実際、編集作業から販売まで、メンバーの話し合いと分担で成り立つ共同作業だ。創刊号（二〇〇七年六月刊）の発行部数は三〇〇〇部で、三ヶ月の間に既に二五〇〇部が販売された。メディアの多様化で既存雑誌が苦戦する中、これは立派な数字といえるだろう。

「雇用されるのではなく、組合員として権利と義務を負うこと」それが、設立の理念だ。

実は、彼らには一つのモデルがある。一九五六年にスペインで設立されたモンドラゴン協同組合だ。内戦後の荒廃の中、事業創設を目的に参加者の出資でスタートした協同組合は、いつしかスペイン第七位の事業規模を持つ一大組織へと発展していた。といっても、『フリーターズフリー』は何も〝第二の生協〟を目指しているわけではない。彼らはそこに、人間性の再生と自立のモデルを見出しているのだ。

このことは、非常に重要な可能性を秘めている。

冒頭に述べたように、雇用のダブルスタンダードが存在し続ける以上、労働対価に市場原理は働かず、しわ寄せはすべて非正規労働者が被ることになる。国際競争に直面した製造業は、派遣請負労働者の首切りでしのぎ、広告費収入の下がったメディアは、制作会社やフリーライターの賃下げによる利益確保に走る。それは社会主義でも資本主義でもなく、あえて言うなら士農工商の封建制度だ。昭和的価値観の中にとどまる限り、彼らは永遠に搾取され続ける存在でしかない。

だが、新しい価値観を生み出すことで、少なくとも彼らは新たな地平線に立つことができる。「自由人の自由」という名前には、そんな意味合いがこめられているのだ。

勝ち組なんて幻想にしがみつくより、一旦もう日本が破綻しているってことを認めてさ、その新しい地平から考えた方がこの時代に生まれてきた意味が実感できるんじゃない？　まあ、おれは引くに引けない年齢になっちゃったからやるしかないけど、同世代の人には「ふーん、こんなこと考えてる奴いるんだ」とか、若い子には「あんちゃんがなんかやってるな」くらいに横目で見てもらえれば、それでいい。（『フリーターズフリー』一号より）

かつて、インサイダーであることが十分に幸せな時代があったことは間違いない。真面目に働いていさえすれば毎年お給料が上がっていき、家のローンを支払い、子供を二人育てられる時代は確かに存在した。

だが、今はどうか。僕自身、大企業で働くうち、身も心もボロボロになった三〇代を何人も知っている。結婚資金を投げ打ってＭＢＡ留学に賭けるもの、抗うつ剤を服用しつつ、出口の無い業務に向かうもの。

本人が本当にそれを望んでいるのであれば、別にかまわない。たとえ終わりの無い戦いであったとしても、だ。ただ、勝ち組という幻想に囚われているのなら、内なる動機に耳を傾けるべきだ。昭和のレールはすっかり錆び付き、日に日に先細っていくー方なのだから。

少なくとも、『フリーターズフリー』の文章からは、心地よい生のリズムが感じられる。

最後に追記しておこう。創刊号を世に出した後、内容を読んだ出版社から、（大澤・杉田両氏、そしてもちろん城繁幸も除く）まったく無名だった寄稿者に単行本の出版オファーがあった。彼らの〝新しい価値観〟は、社会への一歩を踏み出したわけだ。

「残念ながら私には何も来ませんでしたけど」

そういって笑っていた大澤氏も、その後、二〇〇七年度新潮新人賞を受賞した。評論部門では実に四年ぶりの受賞者だ。彼らはそれぞれの今を生きている。

今、この原稿を書いていて、ふと気づいたことがある。日本の近現代において、時代の節目には常に新しい雑誌が存在した。明治期の『文学界』や大正期の『白樺』はその代表だ。三〇年後には、社会科の平成史の中で、『フリーターズフリー』が紹介されることもあるかもしれない。その第一号の端に名を連ねることができたことを、とても光栄に思う。

昭和的価値観15「官僚は現状維持にしか興味がないということ」
——国家公務員をやめて、公務員の転職を支援する生き方

日本でもっとも強固な年功序列組織といえば、まず国家公務員があげられるだろう。特に霞ヶ関のキャリア官僚は、年功序列の見本市みたいなもので、いまだに査定らしいものも存在せず、採用区分(どの試験に合格して採用されたか)と年次に応じて昇格が決まる。二一世紀、日本中で新たな価値観が芽生えつつある中、霞ヶ関だけは濃厚な昭和の香りに満ちている。まるでそこだけ時間の流れが止まったかのようだ。

なぜ、彼ら官僚だけは、いつまでも年功序列の中でまどろんでいられるのだろう。確かに競合相手の不在は大きいが、かといって組織が成長するわけでもない。年功序列制度の本質が「将来の出世で報いること」である以上、組織の拡大は絶対必要条件のはずだ。

鍵は〝天下り〟にある。天下りとは、いわば官僚組織の新陳代謝システムだ。組織拡大の無い官僚機構にとって、組織内でなんとか配分できるポストは課長あたりまで。それ以上は限ら

れた一部の人間にしか配分できないし、課長ポストにしたところで、ずっと定年まで居残られては、後がつかえてしまう。だから外部へポストを作っては、せっせと出世争いに敗れた人間(こっちの方が多数派だが)を送り出すわけだ。

天下りは、官僚組織の動脈と言えるだろう。彼らがどれだけ批判されようと、それをやめようとしないのはそのためだ。

そういう風土を嫌ってか、中央省庁への選抜試験である国家公務員採用I種試験の受験者数は、現在二年連続過去最低を更新中だ。景気が良くなったから民間に流れたのだとする意見もあるが、新卒求人倍率が三倍近かったバブル期すら下回ったのだから、長期的に人気が低下傾向なのは間違いない。

もっとも、霞ヶ関にいまだに多くの秀才たちが集うのも事実だ。たとえば、東大の中には今でもキャリア官僚を目指すサークルが存在し、中には試験勉強やOBとの人脈作りに四年間を捧げる人間もいる。

彼らがそうまでして官僚を目指す理由とはなんだろう。

†若手官僚の抱える閉塞感の正体

「社会を良くしたい、こう変えていくべきだ、そんな思いで、同期と一晩語り明かしたこともありますよ」

山本直治氏は懐かしそうに当時を振り返る。彼が国家I種を突破し、文部科学省に入省したのは、就職氷河期の九九年のことだ。

「キャリア官僚を志す人間は、誰でも最初は何らかの理想を持っているんです。最初から天下りしたかったり、権力が欲しくて官僚になる人間なんていませんよ」

そう力説してくれる彼ではあるが、現在は官僚を辞し、民間の人材紹介会社でコンサルタントの職に就いている。専門はIT業界。SEやコンサルタントといった専門職をスカウトし、募集企業に引き合わせるのが仕事だ。

実は、彼にはもう一枚の名刺がある。

「公務員からの転職支援　役人廃業.com　主宰」

日本で唯一、現役公務員に転職相談や情報提供を行う〝公務員転職コンサルタント〟でもあるのだ。昨年には『公務員、辞めたらどうする?』(PHP新書)という前代未聞の本も刊行した。国家公務員から自治体の地方公務員まで、彼のサイトには日々多くの訪問者があり、時には広く参加者を募ってセミナーを行うこともある。

その中には、エリートであるはずのキャリア官僚も少なくない。

「悩みの強さという点では、彼らキャリア官僚の相談が一番根が深い。特に三〇歳前後の若手官僚なら、会えば必ず何らかの閉塞感を口にします」

閉塞感の原因は、その独特のキャリア育成にある。キャリア官僚は新人時代から、ほぼ二、三年おきにあちこちの部署をローテーションさせられるのだ。官僚も他の日本企業と同様に、組織内にはマネージャーとしてのキャリアパスしかなく、昇給も昇格も横並びで上がっていく。ならば一芸に秀でたスペシャリストよりも、どのポストでもそつなくこなせるゼネラリストを作った方が、空いたポストに当て込みやすいというわけだ。

ここで重要なのは、ゼネラリストはあくまでその組織内でしか価値が無いという点だ。彼らは均質で外れの無い人材ではあっても、転職市場で通用するような価値は持てない。官僚の転職の上限は、よほど特別な才能でもない限り、実質的に三〇歳あたりだろう。

これこそ、若手官僚が感じる閉塞感の理由だ。山本氏自身、かつてこの閉塞感に悩んだ一人だった。だがこのご時勢、せっかく手にしたエリート官僚の地位を捨てることにためらいは無かったのか。

「たまたまかもしれませんが、省内の上司達を見ていて、魅力的な人にあまり出会えなかった。前例を守り、目立つことを控え、ただひたすらポストを守るだけで……社会の方向を向いてはいない。時には進めるべき改革にも背を向ける。いずれ自分もああなるしかないのかと考えると、恐ろしかったんです」

†官僚組織が崩壊する日

ビジネスによる変化の波を受けにくい公務員組織は、年功序列という特殊システムの本質をよくあらわしている。ローテーションでひたすら個を消し、組織に従順で均質な歯車たちを量産する。彼らは三〇歳前後で、必ず思い悩む。このままここにいていいのか。理想や夢を忘れ、ただ出世という均質な目的地を目指すだけでよいのか。

だがある年齢を超えると、彼らは諦める。彼らの自己実現は、いつの間にかレールを終点まで進むという行為に均質化されるのだ。こうして、歯車化は完成する。

彼が忙しい業務の合間を縫ってまで、ボランティアで公務員のキャリア支援を行う理由はここにある。

「良い官僚とは、自分を捨て、組織に従順であること。でも、人生はそれだけじゃない。私は彼らに、自分の理想を忘れないで欲しいんですよ。そのために、自分のできるサポートをしていきたい」

官僚組織が現状のシステムを維持し続ければどうなるか。若い理想は押しつぶされるか、外部に活躍の場を求めて流出することになる。結果、残るのは、理想など忘れ、ただレールを進みたいと願う歯車だけだ。

そういう歯車で組みあがった巨大なロボットだと思えば、普段、外部からはなかなか理解できない官僚の価値観も、うっすらと見えてくる。ロボットだから、理念も理想も無い。あるのは、ただ〝現状維持〟というだけのルールだ。彼ら官僚が、天下り規制をはじめとするありとあらゆる改革に全力で抵抗するのは、これが理由だ。

今後、公務員の人事制度改革が進むべき方向は明らかだ。まずはローテをやめ、専門性を持つスペシャリストを育てること。そして、マネージャーだけではなく、専門職としてのキャリアパスを作ること。各自がスペシャリストとなることで、彼らは〝現状維持〟という価値観以外に、各自の専門性という多様な価値観を持つことが出来る。たとえば「課長ポストを三年間無事に勤め上げる」ということではなく、「課長として〜の改革を成し遂げる」という具合に、モチベーションの方向が大きく変わるのだ。

それによって、官僚組織に初めて理念が生まれる。これこそ、改革を進める何よりの原動力だろう。

「公務員改革の本質は、けして人件費をカットし、天下りを規制するだけの一面的な問題ではないでしょう。各自が新しい価値観を育てていけるシステムの導入こそ、変革への第一歩であるはずです」

それには、勤続年数ではなく、役割と成果に応じて年俸が上下する職務給システムに切り替える以外に道は無い。骨の折れる改革には違いない。特に、今組織内で権限を握る官僚たちにとっては、けして面白い話ではないだろう。

だが、いずれ向き合わねばならない日がくる。

そう遠くない将来、官僚から天下りという手段が奪われる日が来るだろう。すると組織内での新陳代謝がストップし、ポスト不足は慢性化する。ポストをご褒美とし、出世という形でしか報いられない年功序列制度は、完全に破綻するのは間違いない。とすれば、基本的に組織内だけで報酬もモチベーションもまかなえる組織に変わることは避けられないのだ。

†若手の意識が変われば、組織も変わる

ところで、山本氏が組織を飛び出してまで求めたものとはなんだったのか。

「もともと大学改革に携わりたかったんです。当時、霞ヶ関で働きながら、日々その思いとのずれに悩んでいました。でも、今はそんな悩みは感じませんね」

若者が理想を抱いたまま働ける制度を、国家・地方公務員四〇〇万人に対して提案し続けること。ある意味、今のその活動こそ、かつて求めた教育改革だと言えるかもしれない。彼の理想は、いまだ死んではいないのだ。

「私はなにも、若手の官僚に今すぐ辞めろと言っている訳ではありません。ただ、何のために

働くのか。そこを明確にし、自分のキャリアプランを育てて欲しい。若手の意識が変わることで、組織全体も変わっていくでしょう」

決まった手順を踏み、ルーチンワークをこなすだけで国が動いた時代もあったのかもしれない。だが、日本は老いてしまった。この国に住む人間はもちろん、政治経済から教育にいたるすべてのシステムが制度疲労を起こし、軋みをあげている。今の日本に必要なのは、既存の価値観に従う人間ではなく、それを乗り越えて進む破壊者だ。

「若手官僚が持っている理想を殺さずに伸ばしていけるようになれば、日本は今よりずっとよくなりますよ」

〝官僚〟という言葉が、〝抵抗勢力〟を連想させるようになって久しい。それを〝改革者〟に変えることは、今を生きる我々の義務だ。

鍵は、政治家でもコンサルタントでもなく、若者自身の胸の中にある。

昭和的価値観16「新卒以外は採らないこと」
――リクルートが始めた、新卒以外の人間を採用するシステム

長く続いた平成の不況も、ようやく一段落した感がある。二〇〇六年から過去最高益を計上する企業が続出し、設備投資も上向いた。設備投資が増えれば、それだけ人も必要になる。

さらには、二〇〇七年からようやく団塊世代が定年を迎え、企業の第一線を後にすることになる。その数、約六〇〇万人。現在の企業内でもっとも賃金の高い彼らが抜けることは、それだけ新たに人を雇う余地を生む。ふってわいたような採用売り手市場には、こんな事情があるのだ。

ちなみに、二〇〇八年卒業予定学生に対する求人倍率は二・一四倍。二倍を超えたのは、実にバブル期以来だ。こうなると普通に採用活動したとしても、よほどのネームバリューでもない限り、予定数を確保するのは難しいだろう。

実際、「全然予定数が採れない」と嘆く人事担当者は少なくない。昨年あたりから秋採用を

実施する大手企業が増えているが、要するに春だけでは採りきれず、ずるずると延長戦を繰り広げているわけだ。

ところが、すべての人間に労働市場の門戸が開かれているわけではない。はっきり言えば、つい数年前に卒業した既卒者（正社員の内定が無いまま卒業し、フリーター等非正規雇用労働者として働いているもの）、四〇代以上の中高年たちは、多くの企業において採用対象とはされていないのだ。上記のような採用フィーバーは、新卒学生か、せいぜい第二新卒あたりの若手のみの話だろう。

たとえば、知り合いの人事担当者に、就職氷河期世代のフリーターから採用するよう勧めた時の話だ。

「え？ そんなの採れる訳ないじゃない……」

お前は何をおかしなことを言っているんだ、と言わんばかりに、呆れ顔をされてしまった。大手に押されて予定の半分も学生が集まらないと嘆いていた彼だが、やはり新卒以外の人間を採るという発想は、そもそも頭にないらしい。

なぜ、企業はピカピカの新人にこだわるのか。理由は簡単。年齢で人の価値が決まる組織においては、それが一番安上がりだからだ。たとえば三〇歳のフリーターを採用した場合、彼の初任給は三〇歳基準となり、新卒よりも八年分多くなってしまう（中高年なら倍だろう）。二一世紀に突如として出現した二・一四という数字は、企業の昭和的価値観の強さの裏返しでもあるのだ。

「年齢じゃなくて、果たせる役割でお給料を決めればいいじゃない」

年功序列を知らない子供や外国人なら、単純にそう感じるはずだ。そして、それこそが職務給なのだ。

考えてみれば、従来の新卒→企業という流れは、一種のシステム化されたパイプラインのようなものだ。よどみなく流れているうちは、企業は均質な人材を安定確保し、誰もが定年まで安定した生活を送ることができた。

だが、このシステムには致命的な欠陥がある。需要と供給の調整が不可能な点だ。平成不況において、少ない需要は就職氷河期を生み、大量の非正規雇用を生み出した。一方で現在の旺盛な需要をまかなえるだけの供給は無く、壮絶な（新卒限定の）売り手市場を生み出している。

パイプから漏れてしまった人達をどうするのか。そして、企業は不足の明らかな供給をどのように補うのか。道は一つしかない。年齢から能力へ、職能給から職務給への転換だ。僕は普段から、年功序列を止めて職務給を導入しろと言っているが、何も特別難しいことをしろと言っているわけではない。各自が能力に応じた報酬を受け取るという、世界で当たり前に行われていることを、当たり前にやれと言っているだけなのだ。

ただ、その〝当たり前〟は、昭和的価値観からすれば〝異常なこと〟でもある。個人の理解は得られても、組織の価値観を変えるのは難しい。

そんな中で、新卒一辺倒の採用を捨てた日本企業もある。彼らは、いかにして進むべき道を見出したのか。そして、その先に見えたものとはなんだったのか。今回は、企業としてのアウトサイダーを取り上げてみたい。

†リクルートのCV採用とは何か？

株式会社リクルートは六〇年代の設立以来、日本の人材市場におけるリーディングカンパニーの地位を維持し続けている。元々は就職雑誌の発行が本業だったが、現在では各種人材ビジネスに加え、『Car sensor』や『R25』などの一般メディアも幅広く手がける総合メディア企業だ。

そんな同社が二〇〇〇年にスタートさせたCV（Career View）採用というシステムがある。原則三年（三年の契約延長あり）の有期雇用契約の採用コースだ。最大の特徴は、学歴、前職、年齢、性別など、一般的な企業の採用において重視されている要素が一切不問という点だ。新卒はもちろん、他社の正社員、フリーター、元ニートなど、内定者の経歴は実に幅広い。年齢層も二〇歳から三〇代後半まで、もはや新卒採用というくくりではない。

重要なのは、リクルートがこの制度を開始したのが、就職氷河期の底である二〇〇〇年だという点だ。今とは対照的な買い手市場で、新卒求人倍率は一・〇を割っていた頃の話だ。大手企業の中には、〝留年・浪人経験者〟というだけで、書類選考で落とす企業も珍しくはなかった。要するに、日本企業がもっとも昭和的な採用を行えた年だったのだ。そんなタイミングで、同社がCV採用を始めた理由とはなんだろう。人事マネージャーとして同制度を立ち上げた工代将章氏は語る。

「企業にとって、多様性が重要な時代です。そんな中、新卒しか採らないなんて実にもったいない。我々がモデルとなって、企業と個人の新しい関係を提案していければと考えています」

多種多様な新人たちは、当初の期待以上に優秀だった。初年度、二一人だったCV枠は年々増え、現在では全従業員の約半数がCV職だ。三〇代のフリーターなど、他社ではまず面接に呼ばないような人間も、同社では立派に戦力として活躍している。

「ヨーロッパなら、卒業してしばらくバックパッカーしたり、大学に戻って学びなおしたりするのは普通ですよ。むしろ、現役、新卒とストレートで来た人間より、よっぽど見所がある」

契約期間を終えた社員の進路は様々だ。そのままリクルートグループに残る人間もいれば、独立する人間もいる。同業他社に転職する人間も珍しくはない。

「リクルートで三年働けば、どこに行っても通用するでしょう。しっかり働いてもらうかわりに、彼らにも成長してもらう。社内では契約期間終了のことを〝卒業〟と呼んでいます」

有期契約という雇用形態から、ともすれば〝使い捨て〟とイメージする人もいるかもしれない。だが人事制度、研修制度など、すべて正社員に準じるものを提供している。たとえば、六年の契約期間中に、グループリーダー（一般的な企業の課長職相当）としてマネジメントに携わる人間も珍しくはない。重要なのはバックボーンではなく、能力なのだ。

現在、多くの大企業が、新卒至上主義を死守しようと悪戦苦闘している。だが新卒求人倍率は二倍超だ。今後は少子化でさらに若者の数は減る。遅かれ早かれ、彼らが新卒至上主義を捨てなければならない日は必ずやってくるだろう。リクルートは時代の一歩先を進んでいるのだ。

†企業にとっては、多様性が重要

ところで、リクルートがここまでして多様性を重視するのは、何も兵隊の頭数を揃えることだけが目的ではない。そこには、もっと重要で本質的な意味がある。それは、多様な価値観を組織に受け入れることだ。

同社は元々、年功色の薄い職務給ベースの人事制度を採っており、すべてのポストは勤続年数ではなく、個人の能力で割りふられる。その結果、社内の主要ポストで組織の舵を取るのは三〇代が中心だ。工代氏自身、人事部門責任者としてCV制度を作ったのは、三〇代半ばの頃だった。

こういった組織では、まっさらで均質な新人よりも、自発的で強い個性が必要となる。自分で課題を見つけ出し、自分で解決していく素質といってもいい。そして若い個性は、古い価値観を駆逐していくのだ。

同社が常に業界のリーディングカンパニーでいられた理由は、まさにここにある。

たとえば九〇年代以降、リクルートは従来の新卒市場中心から、キャリア採用、第二新卒市場といった転職市場も開拓し続けてきた。これについては、社内でも相当の議論があったが、最後は新しい価値観が勝利した形だ。

また、メディアという点でもフットワークの速さは特筆すべきものがある。同社がWebベースの登録システム〝リクナビ〟を立ち上げたのは九七年。今では多くの企業が利用するプラットフォームとして、学生から転職希望者まで、幅広い層から支持されている。

このことは、紙メディアに固執する既存メディアが、緩やかに地盤沈下しているのとは実に対照的だ。彼らの多くは、査定すら存在しないほど、古くて強固な年功序列型の組織を維持し続けている。舵を取るのは三〇年選手ばかり。今のままなら、彼らは自らが滅びるまで、古い価値観を捨てることはできないだろう。

もちろん、完璧にデザインされ、環境の変化をまったく受け付けない存在なら、新陳代謝など必要ない。だが、そんな絶対的な存在がありえるだろうか？

「個人あっての組織」が、リクルートの理念だ。個とは、すなわち多様性である。それを受け入れることのできた企業にのみ、真の平成は訪れるに違いない。

コラム❶　企業に求められる多様化とは

現在の日本において、改革はすべての局面において必要だ。それに対する反対は、基本的に既得権者の抵抗とみなして問題ない。ただ、中には狙いのよくわからない、問題のある改革があることも事実だ。その一つが労働力不足に関する議論である。

二〇〇八年春卒業予定大卒者に対する求人倍率は二・一四倍と、九一年以来の高水準となった。「就職を希望する学生」をみんな採用したとしても、企業ニーズの半分も満たせないことになる。異常な売り手市場と言っていい。

理由は三点あげられる。まず好況により企業の採用意欲が高いこと。そして団塊世代が定年を迎え、これまで就職氷河期で採用抑制してきた反動が出たこと。最後に、少子化の影響により、団塊ジュニアに比べ、新卒者の数は既に三割ほど減っていることだ。景気についてはなんとも言えないが、あとの二つはこの先も変わりようのない事実であるから、基本的に今後二〇年くらいは売り手市場が続くと思われる。特に少子化は今後いっそう加速し、二〇一〇年の新成人は二〇〇七年よりもさらに一〇万人ほど減ることは確実な情勢だ。こうなると間違いなく、企業間での労働者の奪い合いが起こるはずだ。

さて、労働力が足りない場合、対策としては二つのアプローチが考えられる。一つは外国から労働者を輸入すること、つまりは移民を受け入れることだ。前世紀後半の欧米で流行ったスタイルでもある。もう一方のアプローチは、輸入に頼らず、国内に新たな働き手を作り出すことだ。

「作ると言ったって、実際若い子は減ってるんだから無理だろう」

と思った人は、まず頭の中の昭和的価値観を捨ててもらう必要がある。別に若い子だけが働き手であるべき理由はないのだ。

本書でも述べているように、フリーターや中高年、女性といった属性に対して、日本企業は非常に冷たい。多くの日本企業にはいまだ年齢給が健在であり、人の価値は年齢で決まるためだ。フリーターや中高年はコスト高であり、女性は勤続年数に穴が空くから幹部候補には出来ない（と、多くの企業は考える）。特に女性なんて、結婚や妊娠と同時に辞めさせる会社は、大手の中にもいまだに珍しくない。

このように、ちょっとだけ昭和的でない観点から見渡してみれば、まだまだ国内には潜在的な働き手が多い。いずれもみな、他国では立派に戦力となっているような人々だ。まずは彼らに就職の機会を与えてやるべきだろう。要するに、企業の側が歩み寄り、自分たちの昭和的価値観を捨て、多様化を受け入れるのだ。

その意味は、単に労働力確保にあるのではない。たとえば従来、男は仕事、女性は家庭という価値観の下、賃金や人事制度は運用され、実際それを可能とする程度の生涯賃金も、一家の主たる男性労働者に支給されてきた。だが、それは今後は維持できないだろう。定期昇給がない以上（課長→部長と出世していく一部の幸運者を例外として）子供二人を育てるだけの収入をパパ一人で稼ぐのは困難なはずだ。となると、共働きしやすい環境を整備し、世帯あたりの収入を増やすアプローチが必要になる。そう、企業が多様な価値観を持ち、これまで切り捨ててきたマイノリティに職を与えることは、何よりの少子化対策となるのだ。少なくとも児童手当を増やす一方で、その負担を現役世代に押し付けるなんてマッチポンプをやるよりも、はるかに効果的だろう。そのためには何度も言うように、年齢で人を選別する年功序列では、もはや対応不可能なのだ。

ところが、肝心の企業の側は、多様化について必ずしも乗り気ではない。以下は前経団連会長にして、某自動車メーカートップの発言だ。

「（労働人口減に対し）高齢者とか女性とかＩＴを活用して減少分を補えなんて、経営者から見ればバカな話」

「日本には二〇〇万人もフリーターがいますが、彼らを活用すればいいなんて言うのは私に言わせれば滑稽千万」

彼は熱心な移民受け入れ論者でもある。要するに、自分たち企業が変わるのはいやだから、国の形を変えてしまえということらしい。少なくとも自分が〝はじかれている側の人間〟だと感じた人は、この会社の車は金輪際買うべきではない。

ちなみに、もう一方のアプローチである移民受け入れについては、ヨーロッパ諸国は既に九〇年代から移民政策の見直しに舵を切っている。短期的には一部の企業の業績には貢献しても、彼らを受け入れ、同じ国民として処遇するためのインフラ整備に対し、結局は社会全体が莫大なコストを負担しなければならないという事実に気づいたためだ。いまさら日本が企業エゴに屈して、同じ轍を踏む必要は無いだろう。

いや、なにも遠い異国のケースでなくても、中部・東海地方には既に南米出身者の〝街〟が出来つつある。彼らやその家族を受け入れるコストは、自治体が負担するという形で地域全体に押し付けられてしまっている。たとえば、彼ら外国人労働者の子供のうち、不就学児童の割合が四割を超える自治体もある（義務教育の対象ではないため）。日本語はもちろん、義務教育課程すら受けられない彼らの将来は、けして明るいものではない。企業は安価な労働力を得るために、小さな不幸を生産しているようなものだろう。

まずは企業が「若くていきのいい男の子」という価値観を捨て、多様な人材を受け入れること。移民に関する議論は、それからでも遅くはないはずだ。それが出来ないという会社は、たとえ何兆円利益を上げようが、けして誇るべき優良企業などではないのだ。

昭和的価値観17「人生の大半を会社で過ごすこと」——職場にはりついているように見える日本男子の人生

この本のテーマである「アウトサイダー」とは、要するに昭和的価値観から飛び出して生きる人たちのことだ。彼らが〝飛び出して〟しまった理由は様々だ。学生時代からずっと他人とは違う方向を見ていた人もいれば、企業の中で行き詰まることにより、レールから飛び降りた人もいる。レール自体にたまたま乗りそびれてしまい、結果としてアウトサイダーとなってしまったタイプも、特に氷河期世代には多い。

ただ、なんだかんだ言っても、やっぱりそこは日本人なのだ。

仕事観なり人生観なり、それなりにとんがったことを言ってはいても、頭の片隅にはみんな昭和的価値観をくすぶらせている。そういう社会の中で生まれ育ってきたのだから、こればっかりは仕方がない。そういう意味では、アウトサイダーといっても、単にとんがり具合の程度の違いなのかもしれない。

かくいう僕自身、様々なアウトサイダー達と会うたびに、自分の中の昭和臭さに毎回のように驚かされる。たとえば結婚している女性に向かって「いやあ、お仕事と家事と、両立は大変でしょう」と聞いてしまった時。

「いえ、料理も買い物も夫が全部やってくれますから」と言われて初めて、自分の中に「家事は女性」という価値観が根付いていることに気づいたものだ。少なくとも先進国中、日本男児ほど家事をやらない男はいない。これも一つの昭和的価値観と言えるだろう。

その点、最初から昭和の空気など知りもせずに育った外国人は、（我々から見れば）生粋のアウトサイダーだと言えるかもしれない。グローバル化の進展により、日本で働く外国人の数も徐々にだが増えつつある。彼らの率直な言葉は、普段は意識することのない昭和的価値観を、我々の目の前にくっきりと浮かび上がらせてくれるはずだ。

†日本企業のカルチャーは世界のどの国とも違う

ケンブリッジ大学の博士課程に籍を置きつつ、日本でのフィールドワークに従事している李さん（仮名）は、まさに適任者の一人だろう。しかも専門は社会人類学だ。彼女から「日本企業の人事・雇用制度に関する取材」を受けたのが、最初の出会いだった。

日本文化を専攻する中国出身の研究者は珍しい。彼女には以前、日系企業に勤務した経験がある。それが日本文化に興味を持ったきっかけだった。

「日本企業のカルチャーは、欧米企業はもちろん、同じ東アジアの中国・台湾企業ともまったく違う。それが日本に興味を持った最初ですね。企業カルチャーは社会を反映する鏡ですから」

もっとも大きな違いは、組織の個人に対する圧倒的優位性にあるという。入社時に業務内容が明かされない、評価の基準が曖昧、契約書に書いてある内容と実際の労働条件が大きく異なる……サラリーマンにとってはごく普通のことが、彼女にとってはとても個性的に見えた。

実際、職務給型の企業なら、担当する業務内容から勤務地、初任給まで、細かく契約するのが普通だ。なにより、処遇に関するルールが明確化されている。

「私は経営にタッチしたい。いつになったらそういったポジションにつくことができますか？」

「年俸一〇万ドルはいただきたい。どうやれば到達できますか？」

優秀な外国人留学生は、きまってこういった質問を投げかける。そして、日本企業の採用担当者は頭を抱えることになる。人事部はもちろん、経営陣でさえ明確なルールはわからないのだから。日本企業は偉大なるブラックボックスだ。

だが李さんが何より驚いたのは、日本人労働者の忠誠心の高さだ。個人の権利を主張することもなく、黙々と会社のために深夜まで働く。「プロジェクトが成功したら来期の年俸は二倍」だの、「上場すればストックオプションで資産十億円」だのといった見返りは何も無いにもかかわらずだ。基本的に日本以外の国に、滅私奉公という感覚は存在しない。

「たとえば異動や配属について、会社が一方的に決定したものを本人に通知する。一流大学を出た幹部候補までそれに従う姿は、ちょっと他の国ではみられないものです」

確かに、昔から日本人労働者の愛社精神やチームワークは世界で名高い。転職なんて言葉が一般的になったのも、ここ一〇年ほどの話だ。

ただ、彼女には、そんな職場で働く日本人がけして恵まれているようには思えないという。

「長時間残業、低い年休取得率。特に男性は、皆さんまるで職場に縛り付けられるようにして生きている」

年功序列制度の本質とは、若い頃に働き溜めた成果に対する報酬を、出世してから受け取るという点にある。会社に定期預金を預けているようなものだと考えればわかりやすい。優秀な若手社員は、二〇年後に部長や事業部長として出世させてもらえることで、人生の帳尻を合わせることになる。

ところが、困ったことに、こういったルールはあくまで暗黙の了解でしかないのだ。将来本当に定期預金に利息をのせて返してくれるかどうかは、あくまで企業の気分次第ということになる。冒頭のように、ポストや賃金など、処遇に関するルールを論理的に説明できないのはこのためだ。

その結果、キャリアに対する主導権は、会社が完全に握ることになる。労働者は将来、期待通りの報酬を払ってもらうために、与えられる仕事を黙々とこなし続けるしかない。全国転勤、残業地獄も何のそのだ。

さらに言うなら、年齢で処遇ベースを決める年功序列制度の場合、三〇代後半にもなれば、コストが高すぎて転職の機会はぐっと減ることになる。こうなると、普通の労働者なら、歯でかじりついてでも会社にしがみつくしかない。

†社内で完結してしまう人生

「もう一つ、強く感じるのが、職場以外でのネットワークの弱さです。結婚も友人も、企業内で完結する人がとても多い。仕事以外での他人とのつながりが、特に三〇代以降の男性労働者には非常に希薄な気がします」

一般的な日本人労働者、特に男性は、何よりも仕事にプライオリティを置くことを暗黙のうちに求められる。盆暮れ正月以外で有給休暇を取ろうとしようものなら、まず理由の説明を求められるのは、その典型だろう(本来は法律で認められた労働者の権利なのだが)。こういったカルチャーの中で、職場以外に人生のウェイトを移せるのは、一部の幸運な人だけだろう。たいていは彼女の言うとおり「社内で完結してしまう」ことになる。

もちろん、それで満ち足りた人生を送れるのであれば、会社に縛り付けられる人生も悪くはない。会社人間として、日々の暮らしの過半を会社で過ごすことで、家庭や育児といった面倒ごとに煩わされることもない。何より、本来は人間にとってもっとも重要な「何をなすべきか」という命題に頭を悩ませる必要もなく、ただ与えられた仕事をこなすだけでいい。

だが、レールは既に途切れているのだ。

興味深いデータがある。最近、上場企業人事担当者一〇〇人に行われたアンケートで、「バブル世代（四〇歳前後）で課長に昇格していない者が、今後ポストにつけると思うか？」という問いに対し、「ない」と答えた企業が五五パーセントにも上ったのだ（二〇〇六年読売新聞社調査）。ちなみに、現時点での四〇歳課長率は回答各社平均で約二六パーセント。恐らく、六割以上の人間は、生涯をヒラとして終えるに違いない。〝万年課長〟という言葉は、今や褒め言葉の一つなのだ。

事実上、企業内の選抜は三〇代半ばで終わっている。そして、それに漏れてしまった人間は、残り三〇年のサラリーマン人生を、徒労感と共に柵の中で過ごすことになる。

「そんなことは当然の話で、共産主義にさえ出世競争はあったではないか」という人もいるだろう。だが重要なのは、ここ日本においては、(特に男性労働者にとって)それが唯一与えられたロールモデルだということだ。その役割を果たせなくなった人間は、出口の無い迷宮で行き詰まることになる。

「希望は努力が報われると感じるときに生じ、努力が報われないと感じれば絶望が生じる」(ランドルフ・ネッセ)

まさにこの状況が、多くの日本企業で生じているわけだ。日本人の愛社精神は、単に他の選択肢が無いことの裏返しでしかない。これこそ、彼女の感じた閉塞感の正体だろう。

「日本、中国、イギリス、アメリカ。また、世界中からやってくる留学生たちを見ても、日本が本当に豊かな国だとは、とても思えない。少なくとも個人が精神的に満ち足りた国ではないでしょう」

若き社会人類学者の言葉は、充足感ではなく、強い閉塞感にあえぐ日本人像をはっきりと浮かび上がらせる。

九八年以来、日本の年間自殺者数は三万人を超えている。また、うつ病などのメンタルトラブルも増加傾向にあり、しかも働き盛りの三〇代に集中する傾向がある。

これらの原因のすべてを、格差拡大や成果主義に帰するのには無理がある。ジニ係数(所得格差に比例)・貧困率共に日本を上回るアメリカの自殺死亡率は、日本の半分でしかない。また、メンタルトラブルの増加に悩むのは、成果主義導入の議論が始まったばかりの地方自治体も同様だ。

個人的には、日本人を追い詰めている最大の原因は、この〝出口の無い閉塞感〟にあると考えている。「男は仕事、女は家庭」という昭和的価値観からの脱却を、社会全体として考えねばならない時期が来ているのだ。

†選択肢のない社会、日本

個人の意識レベルの問題ではあるが、企業ができることもある。それは年功序列の廃止だ。それによって何が起こるか。部長というポストは、二〇代から五〇代まで誰にでもキャリアパスが開かれている。育児や病気で休職した人も、畑違いの他社からの転職者も、各自の能力によって〝公平に〟機会が与えられることになる。

年齢という唯一の、そして個人の力では抗いようのない基準を無くすことで、人生における選択肢はぐっと増えるのだ。

「ところで、ご両親から『いい加減、身を落ち着けろ』なんて言われませんか？」

彼女が実家を離れてから、もう一〇年が経つ。自分の稼ぎで学んでいるとはいえ、僕はふと気になったことを聞いてみた。

「あら、学ぶことに年齢なんて関係ありませんよ」

彼女の住む世界では、一度社会に出た後で大学に戻ることは、ありふれた選択肢の一つだ。実際、三〇代四〇代の学友は珍しくもない。二〇歳前後の若者しかいない日本の大学の方が、世界的に見れば例外だと言える。

選択肢の無い社会。それが日本の現実かもしれない。そしてそれは、女性の価値観にも大きく影響している。

ケンブリッジには世界中の研究機関、コンサルティングファーム、シンクタンクからオファーが届く。同級生の将来の進路は様々だ。

ただ、日本人女性の進路希望だけは、少々変わっているという。

「やっぱり最後は家庭に入ると言う人が多いんです。もちろん、それも立派な選択肢の一つではありますが……みんなびっくりですよ。ケンブリッジにまできて、もったいないじゃない、って」

以前書いたように、年功序列と女性は相性が悪い。女性が企業の中で望むキャリアを得る機会は、男性よりもずっと少ないのだ。「男は仕事、女性は家庭」という価値観は、こんなところにも垣間見られる。

その壁は、けして目に見えるわけではないが、個人の心が囲まれてしまっているのは事実だ。

それを乗り越えることができれば、人生にはずっと多くの選択肢があるのだと気づくことができるだろう。

その時、昭和の閉塞感は消えてなくなるはずだ。

昭和的価値観18「大学生は遊んでいてもいいということ」
——立命館VS昭和的価値観

就職フェアでの講演や各種の勉強会などを通じて、大学生と話すことが多い。彼らからされるもっともポピュラーな質問の一つがこれだ。

「私はこれから、何をやったらいいんでしょうか?」

上の世代の中には「なんて幼稚な若者だ」と笑う人もいるかもしれない。だが、いわゆる一流校と呼ばれる大学の学生ほど、こういった(ある種原始的な)質問を問いかけてくるケースが多いように思う。

大学三、四年生といえば、十数年に及んだ教育課程を終え、いよいよこれから社会に打って出る年齢にあたる。そんな彼らの口をついて出るのが、野望や理想ではなく戸惑いだというのも、なんだか奇妙な話だ。彼らが感じる戸惑いの正体とは何だろう?

日本では戦後長い間、学歴が個人の能力を推し量る最重要指標の一つだった。年功序列という閉じた世界では、分岐点は原則として、新卒採用の一回しかない。その時点では当然、企業側は学生のポテンシャル面を評価する以外になく、それには学歴がもっとも手軽で確実性の高い指標だったわけだ。日本が学歴社会といわれるゆえんである。

断っておくが、〝学歴〟自体は、欧米ではむしろ日本以上に重視される。たとえば、日本でもっとも学歴にこだわった採用活動をしている企業は外資の金融・コンサルだし、ディプロミル（非認定の大学型組織）による学歴販売問題は、アメリカの上院議員から政府職員の間にまで深刻な広がりを見せている。

ただし、組織内では厳しい実力主義の洗礼が待っている点で、日本とは違って民主的だと言えるだろう。日本の場合、入り口さえ突破すれば年功序列というレールに乗れるわけだから、そういう意味では、人生における学歴の重要性は日本の方が高かったと言えるかもしれない。

欧米における学歴を品質証明書とするなら、日本の学歴はパスポートのようなものだったのだ。

実際、そうやってパスポートを握り締めてやってくる若者たちは、企業側にとっても実に好都合だった。年功序列だから、四の五の言わず、前例どおりに与えられた仕事をこなしてくれる人材が求められる。優秀な若者に、やれ「経営がやりたい」だの「M&Aをやりたい」だの言われても、企業側としても困るのだ。

その点、試験で与えられる課題をクリアし続けてきた優等生たちは、まさに理想的だった。彼らはまっさらな人間だ。企業のニーズに応じて、いかようにも染められる。

この点は、日本企業の採用スタイルを見ても一目瞭然だ。企業はたいてい、成績証明書などが発行される前の段階で内定を出す（最近だと三年生時点で内定を出す企業も珍しくない）。大学の専門教育の内容になんて、まったく関心が無い証拠だ。

大学とは、安定したレールに乗るためのパスポート発行機関だったわけだ。

だが、こういった企業と大学の微妙な関係は、企業側の一方的な事情で崩れつつある。理由は年功序列の崩壊だ。

†二一世紀の教育システムに求められるもの

従業員を横並びで昇進させ、後から必要な知識を詰め込んでやる余裕のある企業など、今はもうどこにも存在しない。代わって求められるのは、放っておいても自分で課題を見つけ、どんどん伸びていけるタイプ、常に向上心を持って自己啓発していける人材だ。

この一〇年で、企業の人材に対する考え方は一八〇度変わったのだ。

人材流動化もこれに拍車をかける。既に二〇代の間に転職を経験する人間の割合は五割を超えている。転職がこれだけ一般的になってしまった以上、新卒時のポテンシャルなどよりも、卒業後のキャリアの方がはるかに重要なのは言うまでもない。「中学高校の間にテストで何点取ったか」ではなく、「どういうキャリアを積んできたのか」が重要なのだ。

相対的に、学歴は年々、その重要性を失いつつある。

ただ、教育の側はこの価値観の大転換に、まったく追いついていないのが現実だ。少子化で大学全入時代の到来が叫ばれる中、私大の四割が定員割れを起こす一方で、都市部のブランド校の倍率は逆に上昇している。「良い大学=良い暮らし」という昭和的価値観は、むしろ強まっているはずだ。

その過去の価値観の中で、一定のステイタスを達成してしまった高学歴エリートほど、実社会を目の当たりにして感じるギャップは大きいはずだ。彼らが感じる戸惑いの正体はここにある。そういう意味では、学歴は逆に重しとなってしまっている現実があるのだ。少なくとも私大の学生で、「学歴だけで飯が食えるぞ」なんて胡坐をかいている人間など、ほとんどいないのだから。

では逆に、二一世紀の教育システムに求められるものとは何だろう。

それは主体の確立だ。「大企業に入りたい」という空虚な逃避的願望ではなく、「～をやりたい」「～を学びたい」と願う具体的な自我の発芽と育成だ。

理想を言うなら、高校時代に（百歩譲って大学教養課程において）各自のキャリアビジョンを定め、少なくとも大学の専門課程は、そのための知識を伸ばすことに捧げるべきだろう。逆に言えば、それがどうしても見つからない人間は、大学に来る必要など無かったということだ。「なんて乱暴なことを！」と思う人もいるかもしれないが、だったらそこら辺を歩いている留学生をつかまえて、冒頭の質問をぶつけてみるといい。アジアだろうがアフリカだろうが欧州だろうが、どこの出身者であっても、きっとこう言って驚くに違いない。

「だったら君はなぜ大学なんかに入学したんだい？」

四年間ぶらぶらした挙句、卒業間際になって「何やったらいいんでしょう」と戸惑う人間を量産するような教育システムは、今や社会にとってはもちろん、個人の人生にとっても、大きすぎる損失だろう。

この点に気づき、いち早く対策に乗り出した大学もある。今回はアウトサイダーとしての大学を取り上げてみたい。

†学生自身に〝学ぶ〟意識をつける

立命館大学は、いわずと知れた関西の有名私立大学だ。創設は一八六九年に遡る老舗ではあるが、今もっとも勢いのある大学として、企業の採用担当者からの評価は高い。つまり、企業

側の新しい価値観に沿った人材が多いのだ。(図①参照)

立命館大学キャリアセンター部長の平井英嗣氏はこう語る。

「教えてもらうのではなく、学ぶという姿勢。それを各学生に持たせることを、全学挙げての課題と位置づけています」

まさに〝主体の確立〟を最重要テーマとして掲げているわけだ。

「そのために、キャリア育成科目を全学年全学部に設け、常にキャリアを意識させる教育を心がけていますね」

同大学が学生の意識改革にこだわるのには理由がある。

「大学余剰時代を迎える中、父兄の大学側への要望はどんどんレベルアップしていま

図①　私大就職率

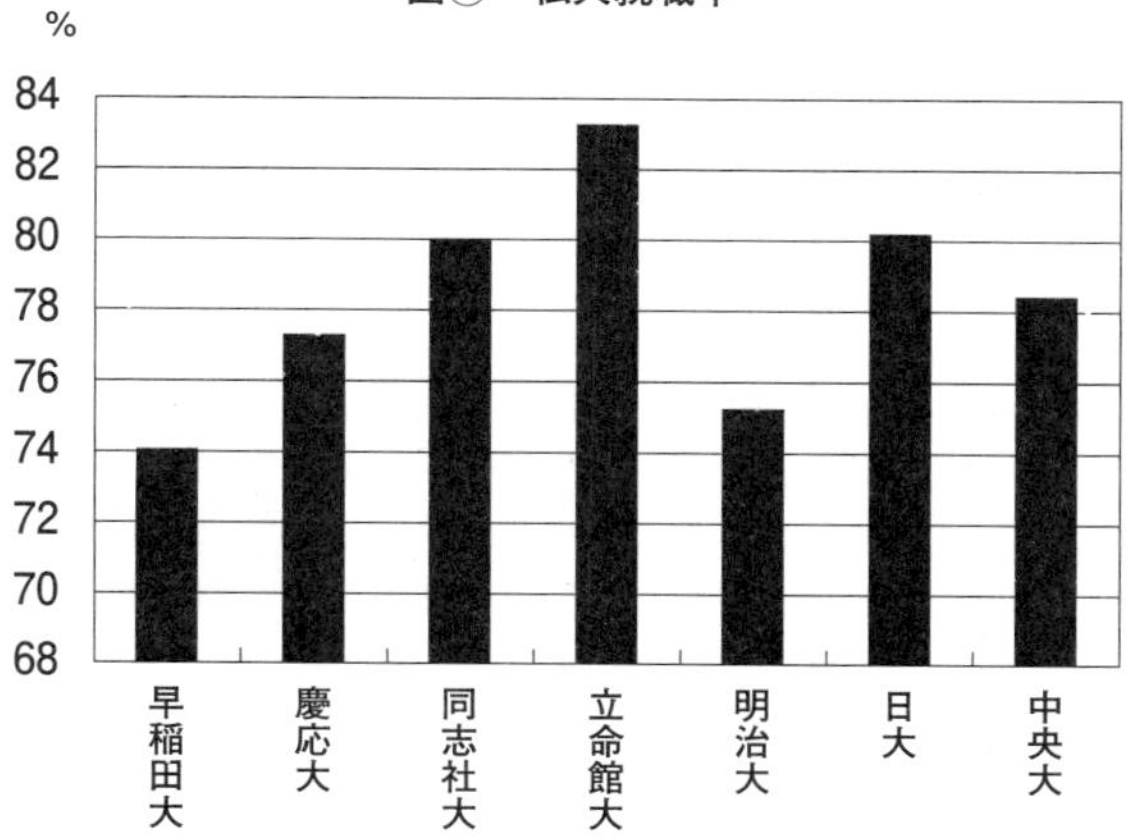

学部生数2万人以上の私大、2007年春卒業者対象。大学通信調べ。
就職率＝就職率決定者数/(卒業数－進学者数)

す。『上場企業の内定率はどのくらいか』とか、『TOEICで何点取れるようになるか』など。入学説明会などを開くと、具体的な数値の提示を必ず求められる。でも、一番大切なのは、学生自身の〝学ぶ〟という意識なんです」

保護者の多くは四五歳以上。バブル以前に企業に入社し、現在は行き詰まりを感じている世代だ。彼らが子供に対し、自分たちとは違う風景を見せたいと願う点は理解できる。

ただ、それは昭和的価値観の強化という形であらわれてしまっている。少々偏差値の高い学校に行ったところで、見える風景など変わりはしない。何より、そこには相変わらず主体も動機も欠落したままだ。

重要なのは「どこまで送り届けてもらうか」ではなく、「どこに向かってどこまで進むか」という点にあるのだ。

同大学のキャリア教育最大の特徴は、その企業インターンシップ制度にある。期間や内容などを吟味し、大学が認定した企業で一定期間のインターンに参加した学生に対しては、正式に単位を認定しているのだ。

意識の高い学生は、どこの大学にも上位一割くらいは存在する。その点は昔も今も変わらないし、彼らは放っておいても、それぞれ自分の道を見つけ出しては進んでいく。問題は、圧倒的多数を占めるその他大勢の学生をいかに意識改革していくか、である。そういう意味では、単位認定式のインターンは実に効果的だ。

現在この制度を利用し、企業現場を体験する学生数は年約一三〇〇人。これは学校として公式に把握している数字だから、それ以外の数字を含めれば、インターン経験者はその倍にはなるだろう。

最近でこそ、私大の一部に〝単位付き〟のインターン制度が広がりつつあるが、立命館がそれを開始したのは一九九二年。昭和が終わってまだ間もない頃に、既に次の方向性を打ち出していたことになる。

教授を動かした学生の変化

ここまでインターンが浸透するまでに、学内で軋轢は無かったのだろうか？　その点について、インターンシップ教学委員会でディレクターを務める加藤敏明教授は、実に興味深い話をしてくれた。

「以前は、確かにインターンに消極的な教授もいました。でも、彼らを動かしたのは、他でもない学生自身の変化なんです」

企業内の現実を直視することで、学生はレールなんて無いという事実に、否が応でも気づかざるを得ない。ならばどうするか。自分で目的地を決め、それに向けて歩いていくしかない。

そして企業内には、様々な生き方をするサンプル達で溢れている。日系と外資では得られるキャリアがまったく違うし、同じ日本企業内でも、働く動機は人それぞれだ。自分がどういう生き方働き方をしたいか、どんなに無頓着な人間であっても、共に働けば自然と意識するものだ。

「それまでゼミで課題発表一つ出来なかった教え子が、インターン後に目の色を変えて課題に取り組んだりする。言われてもいないのに、語学の勉強を始める。それを見て驚いた教授の方から『インターン受け入れ企業をぜひ紹介してくれ』と言ってくるわけです」

企業の評価が高い理由は、こんなところにあるのだ。

OBの組織化にいち早く着手している点も大きい。同校の内定取得後の四年生はジュニアアドバイザーとして、主にテクニカル面で後輩を指導する。それに対して、卒業生有志はキャリアアドバイザーとして登録され、実社会でのキャリアやワークスタイル、ビジネス動向について、貴重な生の声をアドバイスする。二〇〇七年現在、登録中のキャリアアドバイザーは二〇〇〇人。彼らのアドバイスは、社命で立ち上げられるリクルーター組織などとは一線を画する内容だ。

「OBの既婚女性が、子供を連れて講演してくれたこともあります。日本企業での仕事と育児の両立がいかに困難か、自身の経験を通じての話でした。女子学生の真剣に聞き入る様子がとても印象的でしたね」（キャリアセンター・折田章宏氏）

伝統と実績のある国立大学には、いまだインターンシップの実施すら消極的な大学が多い。曰く「バイトを支援するなど、学問の府のすべきことではない」というような論理だ。

そんな人間に問いたいのは、そのご自慢の学府において、可愛い教え子がどれだけ知を磨いたのかという点だ。「入学したら、もうおしまい」とばかりに、最低限の課題だけをこなす人形を送り出し続けてはいないのか。学生は、目標を持って学び、その実現のために就職しているのか。

大学出ただけで人生が上手くいくなんて、昭和の悪い夢のようなものだ。その夢から目覚めさせ、現実を認識させる努力を怠っているのなら、たとえ最高学府であろうと、いずれ凋落するに違いない。

二一世紀のエリートとは、自分の足で歩いていける人間なのだから。

コラム❷　二一世紀の大学システム

価値観は、社会の力点に応じて形成されるものだ。江戸期は封建時代だから分相応の発想が尊ばれ、そして昭和戦前については……あえて言うまでもない。教育システムはそういった価値観を植えつける補助装置の役割を果たす。現在の義務教育―大学教育は、戦後日本というハードにマッチするよう設計されたシステムみたいなものだ。

ここで日本型教育システムについてもう一度まとめておくと、真っ白で無主張、無個性な人材を輩出する点に特徴がある。社会全体が年功序列である以上、一番下っ端の若造に専門性なんて求めはしないから、産業とアカデミズムは完全に乖離し、大学生も勉強なんてする必要は無かった。世界二位の経済大国の割に、日本の大学がしょっぱい理由はここにある。企業という社会のエンジンに対し、無精製の取れたて原油を供給するパイプラインのようなものだと考えればいい。

本当に成熟した社会であれば価値観は多様化するから、少なくとも大学のような専門教育機関に進学する人間はなにがしかの目的を持っている。それがない人間まで無理に尻を蹴っ飛ばされる必要はない。他国で言えば、西欧がこれに近い状態だといえる。

中国のような新興国はそこまで社会は成熟してはいないから、大学進学までは日本と大差ない。「とりあえず大学行けばよい暮らしが出来る」的な価値観だ。ただ、あの国には年功序列という価値観も、「(ホワイトカラーの)賃下げ・首切り＝悪」という価値観も無いから(労働者の国なのに、だ)、大学生は入学後も厳しい競争にさらされ続ける。社会自体はまだまだ未成熟であっても、結果的に専門教育の質は高まるわけだ。

そういう意味では、日本はこれだけ経済的に発展しつつも、社会の成熟度で言えば先進国はるか手前で止まっていたことになる。バブル期、「日本の国民一人当たりGDPは世界一」と言われた時、多くの日本人がどこか狐につままれたような感覚を抱いた。とても自分たちの生活が豊かだとは思えなかったからだ。そのギャップの原因はここにある。少なくとも当時、ヨーロッパにあこがれる日本人はいても、日本に移住したい西欧人はいなかったはずだ。

この点について、かつてウォルフレンは著書の中で「日本経済は中流家庭の犠牲の上に成り立っているに過ぎない」と明確に指摘した。男性労働者は生活のすべてを会社に捧げねばならない奴隷であり、女性は家庭に押し込められ、夫を支えるよう仕向けられる。男性の閉塞感の原因はここにあり、女性の晩婚化が進む理由もまた同じであると。そしてそれを成り立たしめているものは、日本に自由な労働市場が無く、生殺与奪権が会社に握られてしまっていることだ、とも。

それを支えてきたシステムこそ、年功序列に代表される昭和的価値観なのだ。
だが、時代は変わりつつある。

では、今後の教育システムはどうあるべきか。遅ればせながら先進国並みの多様化を目指す以外に道は無い。既に企業内では、その兆候が現れている。ここ一〇年間で、かつて四〇代前半で行われていた幹部選抜（一般的には課長昇格）は既に三〇代半ばにまで下がってきている。そう遠からず選抜は三〇歳あたりで行われ、最終的には初任給から処遇に差を設ける職務給的制度にシフトするはずだ。となれば、学生にはそれに相応しい厳しい研鑽と実力が要求されるようになり、バブル期に命名された〝大学レジャーランド〟的なカルチャーは、完全に終焉を迎えるに違いない。

ざっと見渡してみるに、現在の学生の意識はそこまでは追いついていない。本書に登場するアウトサイダーのように、二〇歳の頃から自分の進路を明確に定め、それに向けた教育的投資を行うものもいるにはいるが、やはりまだまだ少数派だ。そういう意味では、大学の果たす役割はきわめて重大になる。従来のように「勉学にせよ就職にせよ、学生の自主性を尊重する」というスタイルはもう通用しない。

ここで気になるのが、家庭の価値観だ。というのも、実は数年前から、私立進学校の間で、東大離れが進んでいるのだ。別にそれならそれで構わないのだが、京大や早慶といった一流校全体への進学熱が下がっている。代わって彼らが目指すようになったのが医学部で、特に地方国立大の医学部などは、既に偏差値で東大理工系を上回るケースも珍しくない。

彼ら一〇代の親は四〇代が中心で、ちょうど企業内で行き詰まりを感じている世代でもある。恐らく、「大企業はこの先割に合わないだろう」という事実を予想し、子供により良いレールを求めた結果、企業から医業へとシフトしているのだろう。

彼らの予想は正しい。だがそのカウンタープランが〝医者〟というのは、なんとも寂しいかぎりだ。「（恐らく）金持ちになれそうだ」というたった一つの理由のために、その他すべての可能性を捨ててしまうようでは、昭和的価値観と何ら変わらないのだ。何より、医者というのはけして片手間に出来るような仕事ではない。食っていくには申し分ないかもしれないが、切った張ったが好きではない人間にとっては、けして幸福とは言えないはずだ。閉塞感は、形を変えてこの国に残り続けることになる。

重要なのは生き方そのものだ。「ここに乗りさえすれば、あとは何があっても大丈夫」という発想は、これから先は非常に危ういと思う。この十数年間はまさに激動期で、たとえば九〇年代半ば、山一証券が潰れると思っていた人も、都銀に入ってわずか数年でリストラされるなんて想像した人も誰もいなかった。いずれもその後、現実に起きた出来事だ。

今後、同様のことはあらゆる局面で誰にでも起こりうるだろう。昭和的価値観のネックは、最後まで乗り切れればよいものの、乗って二〇年くらい経つうち、悲しいほど適応力の無い人間に落ち着いてしまうという点にある。団塊あたりの人たちと話すと、「いかにして逃げ切るか」というテーマを抱く人が実に多い事実に驚く。人生とは本来、逃げ切るためのものではないはずだ。

ではニ一世紀、どのような生き方が求められるのだろうか。一言でいうなら、自助の精神。つまり、組織やレールに頼らずに、自分の力でなんとかしろということになる。と書くと、とてつもなくハードルが高いと思われるかもしれないが、実はこの国は、そういった変化を既に一度経験している。

明治三年に出版された『西国立志編』（S・スマイルズの『自助論』の和訳）は、「天は自ら助くるものを助く」というあまりにも有名な一節と共に、他力本願でない自助努力の必要性を日本人に説き、当事としては異例のミリオンセラーとなった。江戸幕府が崩壊した翌々年、まだ日本中に藩や殿様がひしめきあっていた頃の話だ。

二六〇年余り続いた江戸時代のおかげで、人は生まれで人生があらかた決まってしまい、その中でこぢんまりとまとまってしまう習性が骨の髄まで染み付いていた。ある日突然その縛りが無くなり、「これからは自由だ！」と言われたものの、刀と禄を取り上げられた士族は怒り、平民は平民のまま一生を終えることに疑問を抱かない。それでいて、困った時は「お上はいったい何をやっているんだ」の精神だ。そんな江戸期の惰眠に活を入れたのがこの本で、自分で目的地を見つけ、歩いていくことの重要性を、何百という事例をあげてひたすら説いている。我々の先祖は喝采と共にこれを受け入れ、見事に消化していったのだ。少なくとも当時の日本には「侍の権利を奪うな！」と叫ぶ自称労働者政党も、貧民を引っ張り出してきては「ほらこのとおり、明治維新のおかげで格差は拡大している！」とやってしまう痛いメディアもいなかった。

そうやって長い鎖国の眠りから醒め、近代国家への道をひた走った日本だが、何時の間にやら先祖がえりしていたらしい。個人的には、チョンマゲを落とされて困惑する明治人と、「やりたいことが無いんですが」と嘆く大学四年生は、同じ人種だと思っている。

そうはいってもこのご時勢、目を覚ますきっかけはちゃんと用意されている。一番おすすめしたいのがインターンシップだ。企業によっては、年次、時期も問わないものもあるので、なんなら一年生の夏季休暇から積極的に参加してみるといい。日系、外資、ベンチャー。色々な雇用形態で、様々な人生を送るサンプルを見れば、おのずと進むべき方向は見えてくるだろう。少々時給が高いからと言って無意味なバイトをするくらいなら、自身のキャリアを決めるために社会に飛び込んでいくべきだ。

かつて二六〇年余り続いた江戸時代の後に、明治日本人は覚醒したのだ。たった五〇年程度しか続いていない戦後昭和の眠りから、現代日本人が覚められないわけがない。

それでも「自分はチョンマゲのまま生きたい!」という人は、テレビ局か自衛隊でも目指すといい。運がよければ無事に〝逃げ切れる〟ことだろう。

昭和的価値観19「最近の若者は元気がないということ」
――日本企業を忌避しだした若者たち

「最近の若者は元気がない」

セミナーや打ち合わせの場で、経営サイドの人間から必ず聞くセリフだ。同じようなコメントはメディアにもしばしば現れる。曰く、やる気がない、忍耐力がない、自主性がない……だから連中は三年で辞めるのだ、という論調だ。これはなにも企業だけではなく、国も同じ目線でモノを考えている。経済産業省が立ち上げた「社会人基礎力に関する研究会」などを見ても、問題はすべて若者の側にあるというスタンスだ。

個人的には、確かに二極化は進んでいるものの、平均すれば今の二〇代はそれ以前の世代よりはずっと努力しているし、結果的に優秀だと感じている。たとえば、僕自身が新卒として入社した時、最初からＥｘｃｅｌを動かせる世代として驚かれたのを覚えているが、二年後に入った後輩は、最初から関数を使いこなして勝手に業務フローを改善していた。

語学にしても同様で、九〇年代以前は自費で留学したり、語学学校に通ったりする人間は変人扱いされていたが、今ではごく普通の学生でもそういったことをこなしている。TOEIC（そもそも一〇年以上昔の〝元若者〟たちは、そんな言葉すら知らなかったろう）の内定者平均点は、大方の企業で一〇〇点以上上がっているはずだ。

なにより、「とりあえず有名企業にOB訪問」していた先輩たちと違い、現在はインターンシップ経由で就職活動する学生が一般的だ。一人で二社以上参加する学生は珍しくないし、人によっては一、二年生時から授業と並行して参加し続ける猛者もいる。こういったことを淡々とこなしつつ、彼らは彼らなりの基準で企業側を判断しているわけだ。

では、国や企業が若者にダメだしする理由はなんだろう？

そういえば以前、こんなことがあった。都内の大学三年生主体の勉強会に参加した時の話だ。どういう分野に興味を持っているのか知るために、僕は最初にある質問をぶつけてみた。

「ところで、君たちの就職の第一希望はどこですか？」

ふんふん、どれどれ、ソニーかトヨタか、それとも商社か電通か。あるいはランキング常連のJALやJTBか。

しかし、彼らの口からは、それら大企業の名前は一社たりとも出てはこなかった。なんと三〇人中二九人が、外資系企業の名を上げたのだ（ちなみに、残り一人はテレビ局）。一人ずつ志望先を聞いていくうち、だんだんと顔がこわばっていったのを覚えている。

大学名や就職活動に対する真摯さから見るに、彼らは九〇年代であれば、恐らく日系金融機関や官僚といった道に進んでいた層だろう。少なくともそんな彼らは「日本企業が割に合わない」という事実に、とっくに気づいているのだ。要するに「やる気があって前向きで、アンテナの高い学生たち」から、日本企業の側が見捨てられているわけだ。

†エリートたちが先鋭化した理由

実際、冒頭のように「最近の若者は〜」と嘆く企業がある一方で、まったく逆の意見を持つ人もいる。

「最近の学生は本当に優秀ですね。二〇歳そこそこなのに、熱意もビジョンも、ロジックも素晴らしい。うかうか去年と同じ話はできないし、一部の鋭い質問と議論運びにはこちらも勉強させられる」

金武貴氏は外資系投資銀行、外資系コンサルティングファーム、米系投資ファンドなどでキャリアを重ねてきた、いわば〝その道〟のプロである。彼は若者の質の低下を嘆く企業に対して、冷ややかな意見だ。

「最近の若者は……という人たちは、その程度の学生にしか相手にされていない、という言い方もできるでしょう」

彼は経済誌のキャリアコラム執筆や、ボランティアで「外資系企業を目指す学生向け講演」を頻繁に依頼されてきた経験もある。（オープンエントリーとはいえ）実質、東大・京大・早慶学生限定セミナーであるが、既に一ヶ月前の段階で、大規模な会場がキャンセル待ちという盛況ぶりだ。彼が講演を受け持っていた数年前で、既に六本木ヒルズの会場や、都内ホテルの披露宴会場が満席になるほど、人気が過熱していたという。

「某戦略コンサルなどは、二〇名の募集に対して応募は約二万名。すごい競争率ですよ。まさに日本の最上位学生を選び抜いているはず」

その一方で、九〇年代までステイタスの代名詞だった就職先は、急速に輝きを失いつつある。二〇〇七年現在、二年連続で志願者数過去最低を更新中の国家試験Ｉ種はその代表だろう。去年あたりから思い出したように「女性総合職採用目標二五パーセント！」なんて言い始めたメガバンクなどもそうだ。「これからは女性の感性が重要」などとうそぶいているものの、単に彼らが大好きだった「二二歳の一流校の男の子」だけでは、採用予定数が集まらなくなっただけの話だ。こういった業種に共通するのは、きわめて古い年功序列組織であるということ。つまりは昭和的価値観に支配された世界だという点だ。

では、ここまで彼らエリートが先鋭化した理由とはなんだろう？　それは先述したインターンシップにある。

九〇年代末まで、日本企業は学生に社内を見せることを長くタブーとしてきた。当時は転職市場など微々たるものだったし、企業側にしてみれば、インターンなんて面倒なことをするよりも、綺麗なパンフレットと豪華なセミナーで学生をその気にさせた方が効率的だったためだ。

だが、このシステムは企業自身が終身雇用を捨て、中途採用の門戸を広げたことで崩壊する。特に二〇〇〇年あたりから始まった第二新卒採用（社会人経験三年未満対象）は致命的だった。口車に乗せられ、後から「騙された」と悟った学生は、あっさりと転職する時代になったのだ。

ここでもやはり、企業は、原因が自分たちにあるとは考えなかったらしい。彼らはあくまで若者自身に理由を求めた。学生の抱く理想と企業内の現実のミスマッチこそが原因であると。それを解消するには、採用前に社内を経験させ、覚悟を決めさせるしかない。こうして、インターンシップが急速に日本中で広まることとなる。

が、その結果は、むしろ企業の予想とは正反対なものだった。あらかじめ社内を経験させてもらうことによって「よし滅私奉公しよう」と腹をくくる学生よりも、「年功序列だけは勘弁してください」と痛感する学生が急増したのだ。企業がインターン受け入れに熱心な上位校の学生ほど、日本企業離れが顕著なのは、ある意味で当然だろう。

†企業の〝都合の悪い情報〟が共有される

しかも、まずいことにITがこれに拍車をかける。一人の生徒が持ち帰った情報は瞬時に並列化され、ゼミやサークルといったコミュニティレベルで共有される。さらにそれらは年度を越えて、後輩たちにまで蓄積されることになる。以前なら年度が変わるたびにゼロリセットされていた〝都合の悪い情報〟は、今や完全に消し去ることは困難な時代だ。

勉強会に参加していたある女子学生の話は、実に興味深い。大手電機と外資系コンサル双方のインターンに、それぞれ三週間ずつ参加した彼女が出した結論は「日本企業だけは絶対にイヤ」。なんだか凄い暴論にも聞こえるが、理由を聞くと納得する。

「最初、コンサルのインターンに参加した後で、某電機にインターンをしたんですが……コピーとりや数字の打ち込みといった雑用ばかり。学生の自分だけならともかく、二〇代の若手社員全員がそんな感じでしたね。少なくとも、あれなら大卒者を採る必要なんてないでしょう」

ただ、それくらいであれば、別に我慢してもかまわなかったと彼女は言う。確かにやりがいや報酬の面で恵まれているのは事実だが、新人から一律年俸制の外資が厳しいのも事実だ。どちらかといえばマイペースな彼女は、むしろ外資のドライな空気に違和感を抱いてもいた。では、彼女が最終的に日本企業を忌避した理由とはなにか。

「職場に女性の総合職がいないこと。フロア全体でも二人だけ。女性管理職にいたっては、ついに一人も見かけませんでした。そういう会社に行く気はないですね」

年功序列と女性の相性が悪いという話は、以前も述べた。男女雇用機会均等法の施行から二〇年以上経つが、いまだに女性管理職の比率は五パーセントと、先進国中最下位を維持し続けている(ちなみにトップは米国の四二・一パーセント)。体力勝負な仕事オンリーで、なおかつ若い男子が有り余っている時代であれば、そういう選択肢も意味があったのかもしれない。

だが、少なくとも現在は違うはずだ。実際、外資やIT系新興企業の中には、女性マネージャー比率が五割を超える企業など珍しくもない。これまでは〝会社の常識〟で通用していたことでも、二一世紀の常識で通るとは限らない。若者は冷静な目で企業内を評価しているのだ。

「そんなにおじさん大好きなら、新卒や女性じゃなしにおじさんばっかり採ればいいのに……日本企業って不思議ですね」

若者にせよ女性にせよ、自らが優遇されないことが明らかな組織に進んで入りたがる物好きはいないのだ。

†国内でも、外国からも不人気な日本企業

現在、先進国間で、国境の壁を超えた人材の争奪戦が起きている。留学枠やビザを整備し、

新興国から優秀な人材を呼び込むことが、グローバル化の中で生き残るために重要な戦略だからだ。ところが、少なくともホワイトカラー希望者で日本行きを第一希望とする人間は皆無に近い。東アジア出身学生も、第一志望はまず英米圏の大学だ。

語学の壁を指摘する向きもあるが、それはいいわけだろう。中国人学生に対する就職希望調査において、外資系企業がTop50の過半数を超える中、日本企業はかろうじてソニーが三八位に食い込むのみだ（二〇〇六『新浪財経』調査）。この傾向は中国だけではなく、東南アジア、ヨーロッパなどで同様の調査をとってみても、日本企業はTop10どころか、下手をすれば地場企業にすら負けている。理由の多くは「日本企業は待遇が低く、その後のキャリアも見えづらい」という点に集約される。日本の若者も、同じ事実に気づいたということだろう。「若者がバカになった」のではなく、「日本企業のメッキが剝がれた」という方が正しい。

だが、外国で不人気なのはともかくとして、世界第二位の経済大国が、同じ日本人にすらそっぽを向かれるという状況は、もはや笑い話というしかない。

では対策はどのようなものか。それは単純に、処遇を決める基準を、勤続年数から能力に置き換えることだ。具体的には年齢給から職務給にシフトし、二〇～三〇代に廻す（賃金・権限の）リソースを増やす以外にはない。三〇歳の部長を作り、五〇代と二〇代の賃金水準を等しくすることなしに、初任給で一〇〇〇万を支給する企業に勝てるわけがないのだ。

そして、それを実行しないかぎり、日本は自国民のエリートすら失い続けることになる。

一通りの話を終えた後、勉強会の最後で、参加学生からの質疑応答の時間をもうけた。すぐに一人の学生が手を挙げ、会の最初から疑問に思っていたという〝ある事〟について質問をしてきた。

「城さんは、なぜ日本企業に入社したんですか？」

彼らから見れば、僕も昭和の生き物らしい。

時代は変わったのだ。

昭和的価値観20「ニートは怠け者だということ」

――「競争から共生へ」あるNPOの挑戦

本というものは、時に書き手の意図と違った形でとらえられてしまうことがある。いや、そこまではいかなくても、枝葉末節にばかり議論や注目が集まり、肝心要のメッセージがまるで伝わっていないことは珍しくもない。そういう意味で言えば、前作『若者はなぜ三年で辞めるのか』（光文社新書）も、「いかに若者を効率的に使うか」という視野の狭い人間が読むと、前半部のインパクトばかり印象に残ってしまうらしい。

「へー、大変だねえ今時の下っ端は」という人は、安心して柵の中で一生を終えるといい。ちなみにもっとも肝《きも》（と筆者が考える）の部分は、最終章だ。〝働く理由を取り戻す〟と銘打たれたそれは、レールのない世界を生きることの重要性を示している。

ところで、二〇〇六年暮れのこと。とあるNPOから、ニート関連のシンポジウム出席のオファーをいただいた。「なぜ自分に？」それがその時の率直な感想だ。無理もない。僕自身は若年層の雇用問題が専門だ。それは取り残されたロストジェネレーションの問題であったり、企業内における世代間格差であったり、要するに年功序列に対するアクションと言えるだろう。

一方で、ニートと呼ばれる無就業無就学のグループには、実際にはそういったシステム上の問題とは、それほど関わりのないケースが多いのだ。彼らの多くは、何らかの理由で働くことに戸惑いを覚えている。社会自体に参加することをためらい、引きこもってしまう人間も少なくはない。実際のところ、若者の自立支援を行うＮＰＯや、自治体が設けた相談窓口に足を運ぶのは、そういった引きこもりの若者を持つ家庭が中心だ。はっきり言うと、自分には専門外だろう。

ただ、彼らが僕を選んでくれた理由は、くだんの最終章にあるという。それを読み取ってくれたのなら、受けねばなるまい。若者に犠牲を求め続ける社会。そして、そんな社会への参加をためらう若者たち。彼らが見出そうとしている価値観とは何だろう。

†〝立派な社会人〟になれなかったら、どうするのか

「私自身、以前はここの寮にお世話になっていた身です」

最初にコンタクトをとってくれたスタッフの中本英彦氏は、そういってかつての二〇代を振り返ってくれた。部屋に閉じこもり、就職も勉強もせずに過ごす日々。世の中の時間が流れる

のをただ〝傍観〟しているような期間が、大学卒業後に四年間存在した。

きっかけは就職活動でのつまずきだった。面接で企業側から求められるもの、そして、それをためらいなく作り出してしまう友人たちの姿勢に、最後まで違和感がぬぐえなかった。

「企業人として持つべき価値観が、どうしても自分の中に見出せなかった」

労働条件や業務内容など、本来なら企業と学生が対等に〝契約〟として結ぶべきものだ。ところが日本企業の多くは、今でも採用において滅私奉公の価値観をなんらかの形で引きずっている。実際には、そういった諸々の決め事は企業側に下駄を預けた形で、資質や熱意や、時には忠誠心まで見せ付けなければならない。契約というよりは「奉公つかまつる」くらいのスタンスだ。もし仮に「私はこれこれを専攻していましたが、どういうポストでどれくらいの処遇をご用意いただけますか？」なんて聞く奴がいたら、ドアから蹴り出されるのが落ちだろう。

実際、ほとんどの学生はここに違和感をおぼえる。就職とは、それまで民主的社会でつちかってきた個の価値観を一度否定し、組織の論理に染まる儀式のようなものだ。〝立派な社会人〟からすれば、「社会に出るとはそういうこと」であり、「それができない奴は甘えている」ということになる。

たいていの若者はその洗礼を受け入れ、とりあえずは社会人としての一歩を踏み出すが、まれに立ち止まってしまう人もいる。中本氏も、そんな中の一人だった。その後、ふとしたきっかけでNPO法人ニュースタート事務局の厄介になり、今では代表代行として寮生の面倒を見る立場だ。

「あえて言葉にするのなら、自分たちなりの良さを生かす道を探すこと。それが組織の理念です」

ニュースタート事務局の概要について、簡単に述べておこう。引きこもり型のニートを寮に預かり、事務局自らが運営する様々な仕事を経験させることで、自立を促す組織だ。業務の種類は様々で、ITから喫茶店、介護事業まで幅広い。あくまで本人の自主性を尊重するという点に特徴があり、たとえば対人関係が苦手な人なら、厨房や裏方といったバックオフィス的業務からスタートすることも可能だ。この点について、IT事業部の運営責任者である田尾宏文氏は面白いことを語ってくれた。

「彼らは平均すると、そっちの素養は平均的な二〇代の若者より優秀なんです。適材適所で割り振ってあげれば、きちんと結果は出してくれますね」

企業から自社サイトの作成やデータ処理を請け負う点は、一般的なIT企業と同じだ。ただ、根本的な流れが違う。通常の企業なら、まず最初に予算ありきだ。売り上げ目標達成のため受注し、営業やコストカットといった＋αの活動が続く。

一方、ニュースタートの場合、受注した仕事の結果としてそれらの数字が出来上がる。けして上場できるようなスタイルではないが、そこには過労死寸前のSEも、数字を作り上げるために血尿を流す経理もいない。

「売り上げよりもゆとり。ワークライフバランス。彼らは主体性を尊重してあげれば、成果は上げられますよ」

†横のつながりで支えあう社会を

終身雇用という閉じた世界では、イニシアチブはすべて会社が握ることになる。そのため、日本の雇用環境は、他国には無い特殊性を長く保ってきた。異常ともいえる長時間労働、五割にも満たない年休取得率はその代表だ。グローバル化の進展と共に日本で働く外国人も増えているが、少なくとも伝統的な日本型企業において、三年以上勤続できた欧米出身者を僕は知らない。

以前、こんなこともあった。就労手続きや賃貸物件の手配などに二ヶ月以上かけて連れてきたイギリス人エンジニアが、文字通り三日で逃げ出したのだ。彼の捨て台詞は今でも忘れられない。

「こんな会社で働くなんてクレイジーだ」

アウトサイダーたちと接していて、ふと浮かんだ疑問がある。自発的に正社員として働くことを拒否するニートやフリーターと呼ばれる人たち。そして、人生の大半を職場で過ごす一般的な日本人サラリーマン。昭和的世界からすれば、スタンダードは後者であり、前者はただの落伍者でしかない。しかし世界的に見れば、はたしてどちらがイレギュラーな存在なのか、ということだ。ニートという生き方は、ある意味、人間性に対してはもっとも良心的な存在なのかもしれない。

ただし、それが堕落にせよ覚醒にせよ、レールを降りてしまった以上、新たな価値観は彼ら自身の手で作り上げる必要がある。方向性は見えているのか？　ニュースタート・二神能基代表は語る。

「競争ではなく、共生。横のつながりで支えあう社会。そういう人間ネットワークを作り上げる必要があるんですよ」

元々、イタリアの農園に残る互助組織を知ったのが組織を立ち上げたきっかけだった。生産労働だけでなく、育児や介護などの生活作業もカバーしあう農業・教育・福祉のトライアングル共同体で、ゆとりある暮らしを実現している社会だ。ＧＤＰは日本より低くても、そこにはずっと人間的に豊かな生活が存在している。

現在、ニュースタートは（株）スローワークという派遣会社を立ち上げている。組織内だけではなく、外部にも働く場を広げていくためだ。「人をじっくり育てたい、という経営者の方

から、直接引き合いが来ます。軽作業から企画営業職まで、仕事はさまざまですね」（スローワーク：豊崎康弘氏）

少しずつではあるが、派遣先は拡大している。それにともない、新しい価値観も少しずつ広がっている。「横のネットワークを作り上げる」と言えばなんだかハードルが高く感じられるかもしれないが、けして不可能な話ではない。それは戦前の日本にも、日常的に存在していたのだ。

二一世紀のスタンダードな価値観とは？

もちろん、彼らに対する行政による一定の対策は必要だろう。ただ、競争社会に復帰するための訓練だけでは、必ず行き詰まるに違いない。二神氏は続ける。

「闘争だけじゃだめ。勝ち上がれる人間は結局、一部の人間だけ。僕らの世代は、若い頃に全共闘でそれを経験しているから……もっと、下から生み出す共生ネットワークのようなものと、それを受け入れる価値観が必要でしょう」

一〇人の人間が、椅子に座る一〇人の人間と戦ったとする。恐らく、椅子を奪い取れるのは強い五人だけだ。結局、一〇人の人間が立ち続けると言う構図自体は変わらない。かつてのソ連官僚も、そして全共闘世代も、既得権を手にすることで事実上保守化し、椅子を守る側に立った。

「俺は会社で死ねれば本望だ」という人はそれでいい。が、今の環境に違和感をおぼえるボーダー上の人は、違う価値観にも目を向けるべきだ。定期昇給も無く、一生平社員であるにもかかわらず、休日も使わず転勤を繰り返し、残業続きの人生を送るのが幸せだというのなら、そいつはただのバカか、それによって搾取する側の人間に違いない。日本的サラリーマンカルチャーは、終身雇用と年功序列というご褒美と引き換えに成立してきたものだ。だが、そのバーター関係は既に崩れたのだから。

これからは、レールを降りて、各自がそれぞれの道を探す時代が間違いなくやってくる。突っ走ってもいい。でも、何人かで歩いていくのも悪くはない。

週に一度、スタッフや寮生が集まり、一緒に鍋を囲む機会がある。もちろん、買出しから調理まですべて自分たちで行う。一段落して、和気あいあいと鍋をつつく姿を見ていると、ふと自分まで学生時代に戻ったかのような印象を受ける。彼らを悩ませ、部屋に閉じ込めていたものとは何だったのだろうか。

「こういう場所をもっと増やしていきたい。今はただ、そう思っています」（中本氏）

時代が人の価値観を形作るとするなら、なるほど、昭和的価値観は成長期にぴったりな生き方だった。二一世紀、何がスタンダードになるかは、誰にもわからない。ただ一つ言えるのは、その中にスローワーク的な価値観が間違いなく含まれるということだ。

第三章 新世代編

これまで取り上げてきたアウトサイダー達は、基本的に個人の生き方という点に焦点を当てたものだった。いずれその価値観は広がるはずだが、現時点ではまだまだ少数派である事は間違いない。

ただ、既に若年層を中心に広まりを見せつつある価値観もある。時代や環境の変化によって、新しい世代に根付いた価値観だ。本章ではそのいくつかを新世代編として取り上げたい。既存のインサイダー達との間に、既に対立軸は形成されつつある。

既存の価値観からすれば、それらはある種の堕落であり、修正すべきものと映るかもしれないし、実際メディアはそういった論調で取り上げる機会が多い。

ただ、忘れてはならない。決定権は彼ら新世代自身の手の中にあるのだ。

昭和的価値観21「新聞を読まない人間はバカであるということ」

――情報のイニシアチブは、大衆に移りつつある

二〇〇五年九月。解散を機に突発的に行われた衆議院議員総選挙において、与党は記録的な圧勝を遂げ、衆院の三分の二を確保することとなった。いわゆる郵政解散だ。選挙終盤にいたるまで、当の自民党を含め、与党不利と予想し続けた人が多かった点に特徴がある。だからこそ「まさか本気で解散なんて馬鹿なことはやるまい」と、郵政反対派も強がったわけだ。解散直後は〝やけっぱち解散〟などとも呼ばれていた。もし与党が負ければ、こっちの名前が定着していたことだろう。

さて、問題は選挙後の話だ。議員の先生がたも世間も、そしてメディアさえも、まさかの結果に驚愕した。特に、せっせと政権に対するネガティブキャンペーンを繰り広げた一部メディアは、自分たちの論説と真っ向から対立する現実に動揺し、そして怒った。本来ならこのような場合、とるべき道は二つしかない。「我々が悪うございました」と敗北宣言するか、「おまえ

ら有権者はバカだ」と開き直るか。偉そうなことを言っていた以上、あっさり非を認めるのはかっこ悪い。といって、客商売である以上、うかつに読者をバカ呼ばわりも出来ない（ちなみに終戦後のメディアは前者だったが、それは敗戦という外圧のおかげでもある）。

そんな彼らにとって、〝小泉劇場〟という言葉は、まさに魔法の言葉だったに違いない。「のせられた有権者にも非はあるが、彼らを引っ掛けた小泉さんがやっぱり一番悪い。あと、自分たちは悪くない」と巧妙に責任転嫁してしまえるのだから。

一応言っておくが、自分は別に小泉改革の是非をどうこう言うつもりは無い。それは本章の論点ではない。ただ、メディア自身がこの言葉を使う時、そこになんともいえない唯我独尊的なエゴイズムを感じてしまうのだ。

はたして何時から、そして誰から、メディアは価値を決める権限を与えられたのか。少なくとも僕自身は与えた覚えはない。百歩譲って国民全員のコンセンサスのようなものが存在しているとしても、彼らは本当にそれに相応しい存在なのだろうか？

†世界一レベルの低い、日本のメディア

「メディアなんて偉そうなこと言ってても、給料以外はたいした連中じゃないですよ」

そう喝破するのは、会員制有料ニュースサイトである「My News Japan」編集長を務める

渡邉正裕氏だ。確かに、日本の大手メディアの賃金体系は浮世離れしている。たとえばアメリカの新聞記者で、年俸一〇万ドルを超える者はほぼ皆無だが、日本の大手全国紙記者なら、三〇過ぎれば横並びで年収一〇〇〇万円を超え、その後も安定して上がり続ける。世界でも稀な宅配制度によって読者を掘り起こし、囲い込み、異常ともいえる部数を確保してきたおかげだ。ちなみにアメリカNo.1の発行部数を誇る「USA today」は約二二〇万部。読売一〇〇〇万部、朝日八〇〇万部などは、まさに紙の帝国と言っていい。

「もっとも、テレビマンにせよ記者にせよ、転職できるのは三〇歳まで。それを過ぎれば、もう会社にしがみつくしかないんです」

彼自身、元大手全国紙の記者だった身だ。「My News Japan」について説明しておくと、スポンサーを取らずに生の企業情報を中心に配信する独立系の媒体で、すべての収入は会員からの会費で賄われる。就職・転職情報としてのニーズも高く、二〇〇七年春にはそのコンテンツをベースに『若者はなぜ「会社選び」に失敗するのか』（東洋経済新報社）という就職指南書も上梓している。

「一口に〝良い会社〟といっても、何が良いのか、比べる基準によって全然違う。そういう軸を提供できるような本が必要だと感じたんです」

ところでこの本を読むと、世間で話題になるような、いわゆる就職人気ランキング的なものとは大きく評価も順位も異なっている。違いはどこからくるのだろう。

「そりゃ、広告費もらってるお客さんのこと、悪く言えるメディアなんてありませんよ」

彼が二〇〇七年に出した某自動車メーカーに関する本も、最初に原稿を持ち込んだ大手出版社からは軒並みNGを出された。理由は同じだという。その自動車会社が、広告費だけで年間一千億円使う〝世界一気前のいいお得意様〟だからだ。

実は、彼が新聞社を辞めざるを得なかった理由もそこにある。学生時代から実名で書いていたプライベートのHPの内容が、広告主と相容れないものだったのだ。

「アメリカの記者なんかはある程度人材が流動化しているから、共通の物差しとしてジャーナリズムに忠誠心を抱いている。でも日本の大手メディアは全然違う。あえて言うなら就社意識。それを物差しに考え、動いている。そういう意味では、日本のメディアは世界一レベルが低い」

製造業から金融・サービスまで、日本企業のほとんどすべては、年功序列と終身雇用を柱として成り立ってきた。メディアも例外ではない。むしろ多くの企業がそれらを維持できなくなる中、テレビや新聞といったメディアだけは、幸運にも年功序列のレールを維持できている。規制業種であり、国際競争とも無縁だからだ。黙って言われたことだけやっていれば、とりあえずは昇給も出世もさせてもらえる。彼らが語る格差問題がどこか虚しく聞こえるのはこのためだ。

だが、それは同時に、就社意識という副産物も産む。人材流動の無い閉じた世界で安眠を貪るうち、いつしかそれがジャーナリズムを上回ってしまう。若手の頃はともかく、二〇年もすれば、誰でも論説とそっくりな価値観に染まってしまうわけだ。

余談だが、欧米の大学において、教授ポストに対する学内昇格は〝インブリーディング〟として激しく嫌われる。純粋培養だと価値観が硬直化し、長期的には必ずレベルの低下を招くためだ。そういう意味では、日本のメディアはインブリーディングの積み重ねで、ドロドロに濃い血が流れているようなものだろう。

これこそ、「我々が世論を導いてやる」という自信の根源だろう。論説が間違っても「誤った選択をした国民が悪い」と言ってはばからない傲慢さの源だ。ジャーナリズムというよりは、「オラが会社が日本一」というサラリーマン的発想に近い。

†情報のイニシアチブを大衆が握る時代がきた

ただし、そんなメディアにも異変が起きている。Ｗｅｂをはじめとするメディア自体の多様化だ。実際に、新聞・テレビ・雑誌・ラジオといった既存メディアの広告費は下落傾向が続いている。中でももっとも落ち込みが激しいのが新聞で、二〇〇六年度だけで前年比マイナス三・八パーセント。二〇〇一年度七三五億円だったネットが六年で五倍になったのとは実に対照的だ。要するに、既存メディアはネットに食われているわけだ。効率化を進めるために、読売、朝日、日経の三紙が販売店の提携で合意したのは記憶に新しい。いくら規制で保護されようと、Ｗｅｂという空間に縛りはかけられないのだ。

新聞の宅配制度にしても、少子化で世帯数が減少することが確実である以上、現状の維持は困難だろう。まして今の二〇代、三〇代はネット世代でもある。今後彼らが月ぎめ購読に転向するとはとても思えない。新聞業界について言えば、一〇年以内に業界の再編は必ず発生するはずだ。四五歳以上は逃げ切れるかもしれない。だが二〇代の記者は注意した方がいい。九〇年代、若き銀行員がたどった道を、若手記者もたどるかもしれないのだ。

では、二一世紀のメディアの可能性とはどんなものか？

「広告によらない、特定のテーマや切り口に特化した情報。それを独自に構成したものを、欲しいという人にお金を出して買ってもらうスタイル。それが一つの柱になるでしょう」

ネットの普及と情報の氾濫によって、従来メディアが握ってきたイニシアチブは大衆に移ることになる。その結果、大衆は三つに分化するはずだ。

①主体的に情報を選択し、判断できる情報エリート

②従来型の既存メディアに判断を任せる昭和型エリート
③多様化の波に乗り、既存メディアは手放すものの、主体的な選択までは出来ないネット流民

①は自分で複数のニュースサイトを読み、比較し、自分で取捨選択が出来る人間だ。彼らはより深い考察を手に入れるため、金を払ってさらなる情報を買うだろう。既存メディアの中でも、月刊誌や専門誌などはこれに近い。通信社のリリースレベルのニュースを幅広く扱うのではなく、独自の調査や構成によって高い付加価値を付けられるメディアということだ。従来にも「複数の新聞を取る人間」はゼロではなかったが、まあ物好きと言われるレベルでしかなかった。それに対して、現在の若年層の中で、①のタイプはけして少数派ではない。むしろ情報リテラシー自体は間違いなく向上しているはずだ。そういう意味では、彼らにとって付加価値の高い情報を提供することが出来る雑誌なら、出版不況と言えども、むしろパイは増えるはずだ。

一方で、②を基盤とする既存メディアの没落は避けられない。中でも速報性、多様性に限界のある新聞の前途は厳しいものとなるだろう。

†「まだ新聞を読んでいるような人は成功しない」

九〇年代以前、新聞を読むことはエリートの条件であり、就職を控えた学生などは、四年生になると慌てて月ぎめ契約したものだ。だが、もうすぐ逆の時代がやってくるだろう。実際、ビジネスエリートの中には、既にこの方向性を公言する人間も出始めている。「まだ新聞を読んでいるような人は成功しない」（セオリーVol.6：大前研一インタビューより）

この流れをもって「ジャーナリズムの義務の放棄だ！」だの「民主主義の危機だ！」だのと講釈を垂れる向きが必ず出てくるはずだ。そして、③のタイプの増加によって〝劇場型選挙〟が広まることを、さもファシズムの再来のごとくに懸念してみせるに違いない。

だが、たった一紙の新聞から与えられる（それも思いっきり着色済の）情報を受け入れるしかなかった時代の方が、よっぽど劇場型だろう。しかもこの劇場、ところによっては性質の悪いポン引きがいて、わざわざ家までチケットの押し売りに来るほどだ。

星新一の作品に「ささやき」という短編がある。一見すると調和の取れた近未来の世界。ところが人々は情報機器が提供してくれるアドバイスに頼るうち、いつしか自分で考える力を失っている、というシニカルなユーモアだ。だがシニカルということは、読者はそこにいくばくかの現実を投影していたことになる。発達したメディアという便利な道具を通じて、いつのまにか価値観すら与えられてしまっていた自分たちの存在に、本能的に気づいていたのだろう。そういう意味では、同じ劇場型であるにせよ、どの劇場に入るか選択権を持つ今の時代は、むしろ進化していると言えるはずだ。

そういえば、総選挙での敗北後、某党の元代表がテレビで口走っていたセリフが実に象徴的だった。

「（メディアの多様化によって）国民がバカになった。だから我々は負けたのだ」

とんでもない。むしろ、家に配達されるたった一紙の新聞だけを読んでわかった気になっていた世代よりも、今の二〇代、三〇代ははるかにモノを知っている。

昭和的価値観22「左翼は労働者の味方であるということ」
——二一世紀の労働運動の目指すべき道とは

二〇〇七年七月。第二一回参議院議員選挙において自民党は歴史的大敗を喫し、野党である民主党が参院第一党の地位を勝ち得ることとなった。年金問題や政治資金問題など、長く続いた昭和の矛盾が一気に噴き出し、民主党への強力な追い風となった形だ。国民の多くが何がしかの変革を望んでいることは間違いない。

ところで、負けたのはなにも与党だけではない。民主躍進の陰に隠れるようにひっそりと、社民・共産の二大左派も揃って議席を減らしている（それぞれ参院議席数五、七へ）。特に共産党などは、既に退潮著しかった二〇〇一年度参院選後の二〇議席と比べても、わずか六年間で半減以下だ。もはやいかなる状況になろうと、国民がこの二つの政党にはまったく何の期待も寄せていないことは明らかだろう。特に、若年層の〝左派離れ〟は深刻で、両党とも党員の高齢化は頭の痛い問題だ。既存左派に属する人間の中には、この流れを指して〝若者の右傾化〟と表現する人間もいる。
ただし、一方から見て黒であっても、他方から見れば白ということもある。何より、新たな価値観を取り上げるのが本書の役目だ。若者は本当に右傾化しているのか。そして、その原因は若者の側にだけ存在するのか。既存の価値観によらない視点から考えてみたい。

二〇〇七年『論座』一月号において、ある青年が寄稿した論文が一部で話題となった。「『丸山眞男』をひっぱたきたい。三一歳フリーター。希望は戦争。」(赤木智弘)と銘打たれたそれは、まさに上記の対立構図を体現化したものであり、既存秩序、中でも既存左派の偽善を鋭くえぐる内容だ。これが保守系論壇誌なら、毎度のことでそれほど目立ちもしなかっただろうが、リベラル系の牙城である『論座』に掲載されたことで、その手の論者に注目されることとなり、その後一連の論争が続くことになった。

内容については、「正社員、ひいては中高年の既得権にばかり気を遣い、結果として若年層を踏み台にしてきた既存左翼」への批判が中心であり、きわめてまっとうな内容である。一応フォローしておくが、タイトルの戦争云々はあくまでレトリックの一つであり、実際のところ、彼は革命もクーデターも企画しているわけではない。

左派論者にとってなんとも薄気味悪かったのは、赤木氏が保守系の政治家や学者ではなく、かといって労働者を搾取する経営者でもなく、ただの一労働者、それもフリーターだった点だろう。彼らにしてみれば、足元から火がついた印象だったに違いない。

†日本の労働者の三つのヒエラルキー

ここで、日本の労働環境について簡単に整理しておきたい。七四年のオイルショック期を除けば、七〇年代以降、日本は年平均五パーセント以上の経済成長率を誇る経済優等生だった。赤字やマイナス成長なんて誰も想像すらしない。だからこの時期に形作られた雇用システムは、基本的に「経営者のエゴからいかに労働者を守るか」というコンセプトを大なり小なり持っている。成長の時代だから、賃下げや解雇はすべて経営者のエゴだ、という論理なのだ。法律や判例も基本的にそのスタンスで、たとえば解雇の難しさランキングで言うなら、OECD加盟二七カ国中、日本は栄えある第三位につけている。いわば日本中が「資本家vs労働者」という対立軸に貫かれていたわけだ。

ところが九一年のバブル崩壊以降、状況は一変する。ありえないと思われた不況が出現したのだ。九八年にいたっては、戦後初めてマイナス成長に陥ってしまった。こうなると、際限のない労働者保護は企業にとって耐え難い重荷となる。ここで日本は二つの選択肢を迫られた。一つは、労働者をリストラすること。特に年齢給という世界でも類を見ない既得権を持つ中高年層は、大幅な処遇見直しの余地がある。そしてもう一つは、従来の労働者よりずっと低待遇で使い勝手の良い労働者を作ること。つまり、既得権を守るために、安く使い倒せる新しい階層を作るわけだ。日本がどちらの選択肢をとったのか、いまさら言うまでもないだろう。

こうして日本の労働者には、三つのヒエラルキーが成立することとなった。まず最上位に位置するのは、かつての定期昇給の恩恵を受け、二〇代の二倍以上の基本給を手にする中高年正社員だ。植木等の一連の映画で〝万年課長〟という言葉がダメ男の代名詞として使われているように、団塊以上の世代の大卒者なら、たいていは部長以上に出世している。もちろん、退職金や年金という点でも手厚く保護されている身分だ。

次に、入社以来、定期昇給を知らない団塊ジュニア以降の正社員が続く。彼らは昇給昇格に厳しいハードルが課され、五〇過ぎまで昇給し続けた先輩世代と比べれば、生涯賃金で少なくとも三割は減るはずだ。たとえば、大卒総合職で課長以上に昇格できるのは、既に四人に一人というデータもある。かつて冷やかし言葉だった万年課長という言葉は、いまや褒め言葉なのだ。

だが問題なのは、三つ目の階層、つまり新しく作られた非正規雇用労働者だ。彼らは年齢給や賞与、退職金もなく、雇用継続の義務もない。しかも、彼らを非正規として使い倒すことで得た利益は、正社員労組から〝ベア〟として持っていかれる。これを搾取と言わずになんと言うか。現在、議論となっている格差問題の本丸は、この雇用におけるダブルスタンダードにこそ存在するのだ。

余談だが、〝もう一方の選択肢〟をとった国の代表はアメリカだ。八〇年代、ベトナム撤退後の混乱と日本の台頭により深刻な不況に陥ったアメリカは、正社員、特に中間管理職層の首を切ることでコストカットを進め、同時に組織のフラット化も成し遂げた。既存社員の四割をリストラしたIBMのような会社は、けして珍しい存在ではない。

よく「アメリカは弱者に対して血も涙も無い競争主義の国」とのたまう既得権者がいるが、「単に生まれた年代だけで、非正規という階層に押し込めて搾取する」方がはるかに血も涙もないだろう。少なくとも本人の能力という公平な機会で選抜される方が、よほど民主的には違いない。

†既存左派は、いまや保守派だ

対策の方向性は明らかだ。同一労働同一賃金に向け、両者を隔てる垣根を取り払ってやればよい。ただ、この議論が一向に進まない。なぜか。それは同時に、正社員の既得権にメスを入れることを意味するからだ。たとえばパート労働者を正社員と同じ賃金にしようとした場合、「正社員の誰に合わせるのか」という問題が必ず持ち上がる（合わせる基準が二〇代と五〇代ではえらい違いだろう）。その中で必ず年齢給を見直し、担当する仕事によって賃金を決める流れ（要するにこれが職務給だ）が出てくることになる。「一度上がったら下がらない」という年齢給は、ヒエラルキー最上位の正社員にとっては最大の既得権だから、この動きを労組がそう簡単に受け入れるとは思えない。

さらに問題なのは、労組と強い関係を持つ既存労働者政党のスタンスだ。今や対立軸は労使間ではなく、世代間にこそ存在する。だが彼らは、〝労使〟という古臭い対立軸にしがみついている間に、いつの間にやら最上位階層の代弁者に成り果ててしまったわけだ。

ここまで読み進めた人なら、ある構図に気づいたことだろう。そう、〝既存左派vs持たざる若者〟という構図は、かつての〝特権階級vs労働者〟というアングルそのものなのだ。既存左派とは、いまや単なる保守派に過ぎない。

真の改革とは、既得権にメスを入れるものだ。官僚を見てもわかるように、だからこそ既得権層はこれに異を唱える。公務員改革や教育改革、そして雇用の流動化を進める労働ビッグバン。こういった改革すべてに反抗しているのが、他ならぬかつての革新政党の成れの果てだ。考えてみれば、彼ら左派が、ワーキングプアやネットカフェ難民を持ち出して「だから改革反対！」というのは奇妙なロジックだ。現実に格差は既に生じてしまっているのだから、論理的に考えれば「だから改革推進！」となるべきだろう。

同じことはその他の政策についても言える。東西両陣営が激しく対立した冷戦時代、西側陣営に属するここ日本において、無防備、国益放棄の主張を展開することには、なにがしかの意味はあったのだろう。ただ、いまさらそんな価値観を押し付けられても、二一世紀を生きる人間にとっては迷惑極まりない話だ。〝反日〟を叫ぶことがかっこよかった時代の価値観を捨てないかぎり、彼らが次世代の支持を集めることは永遠にないだろう。

そんな彼ら既存左派勢力にとっては、赤木氏のような若者の存在自体が、自らの矛盾を暴いてみせるパラドックスなのだ。といって、いまさら「すいません、実は私たち、体制派の保守主義者なんです」なんて、口が裂けても言えない。じゃあどうするか。別にスケープゴートを仕立て上げるしかないのだ。彼らがバカの一つ覚えのように「構造改革で格差が拡大し……」とお題目を唱えるのには、こんな理由がある。この点は、先の赤木氏の寄稿にたいする翌月の反論特集にもはっきりと顔を出す。

†格差拡大は誰のせいか?

いまの日本では、若者の二人に一人が派遣や請負、パートやアルバイトといった不安定雇用のもとにおかれています。そのほとんどが月収一〇万円～一五万円くらい。この先給料が上がる見込みはないし、いつ解雇されるかもわからない。(中略) これはけっして自然減少ではないし、「経済成長著しい時代に生きた世代」のせいでもない。まして若者の自己責任などではない。ずばり言えば、利益追求第一の大企業・財界の意を汲んだ政治が、人間らしい雇用をめちゃくちゃに壊してきたところに、根本原因があります。(『赤旗』編集局長・奥原紀晴)

前半部は正しいが、後半部は典型的なスケープゴート論だ。なぜダブルスタンダードが生まれねばならなかったか、そして何故それがいまだに存在し続けているか、この論からはまったく答えが見えてこない。政治が直接その意を汲んだのは大企業・財界であるにせよ、そこにいたるまでのプロセスを見れば、労組・左派勢力が一枚嚙んでいる事実は明らかだ。なにより、これでは具体的な解決のビジョンがまったく示されていない。人件費はしょせんパイの奪い合いだ。待遇を引き上げろとポーズをとるだけでは、けして世代間の格差は埋まりはしないだろう。

さらに、社民党福島みずほ代表の反論も見てみよう。

赤木さんの「結局、社会はリストラにおびえる中高年に同情を寄せる一方で、就職がかなわず、低賃金労働に押し込められたフリーターのことなど見向きもしなかった」という一文は、まさにその通りです。(中略)九七年から二〇〇四年の小泉政権までに、正社員が四〇〇万人減り、パート・派遣・契約社員の人たちが四〇〇万人増えました。格差拡大も非正規雇用者の増加も若者のワーキングプアの問題も、労働法制の規制緩和をはじめとした政府の政策から生まれています。

ここでも、やはり格差拡大の責任を与党と改革路線に負わせている。だが、非正規雇用が拡大し始めたのは、バブル崩壊直後の九二年からだ。九三年の細川内閣以来、九八年に小渕内閣が成立するまで、与党あるいは閣外協力という形で政権に関わり続けたのは、ほかならぬ社会党ではないか。九四年には首相の村山まで輩出しておきながら、非正規雇用の拡大は「一から一〇まで、すべて小泉さんが悪い」というのは、少々虫が良すぎるだろう（ちなみに小泉政権誕生は二〇〇一年）。むしろ、無為無策で不況を長引かせ、雇用問題にも蓋をし続けた社会党の責任は重大だ。

近年の支出削減にしても、九二年当時一七八兆円だった普通国債残高を、たった一〇年足らずの間に四〇〇兆円まで増やした放漫財政の結果に過ぎない（図②参照）。その間、地方分権も公務員改革も年金改革も、そして不良債権処理すらもほったらかしで、毎年毎年国債刷っては、全国の建設屋にばら撒き続けてきたわけだ。そのうちの半分でも使って年金改革を断行してくれていれば、今の日本はもう少しマシな国だったろうに。社会党を含むその時々の為政者は〝痛みをともなう改革〟を先送りし、〝勝ち逃げ〟するために浪費してしまった。これこそが失われた一〇年の本質である。

さらに言えば、社民党は二〇〇三年の選挙で大敗した後、「交付金も仕事も減ったから」という〝どこの経営者でも言いそうな理由〟で、党職員の四割ほどをリストラした輝かしい前科がある。まさにIBM並み、経団連会長もびっくりの荒業だ。社会全体に対しては明確に否定したアプローチでもって、自分のところの効率化だけは、ちゃっかり推進しているわけだ。この党が理念なんてものとは無縁な俗物だということが、この一点をもってしてもよくわかる。

そういう意味では、万年野党だった共産党には、一連の政策を非難する資格があり

図② 債務残高の対GDP比推移

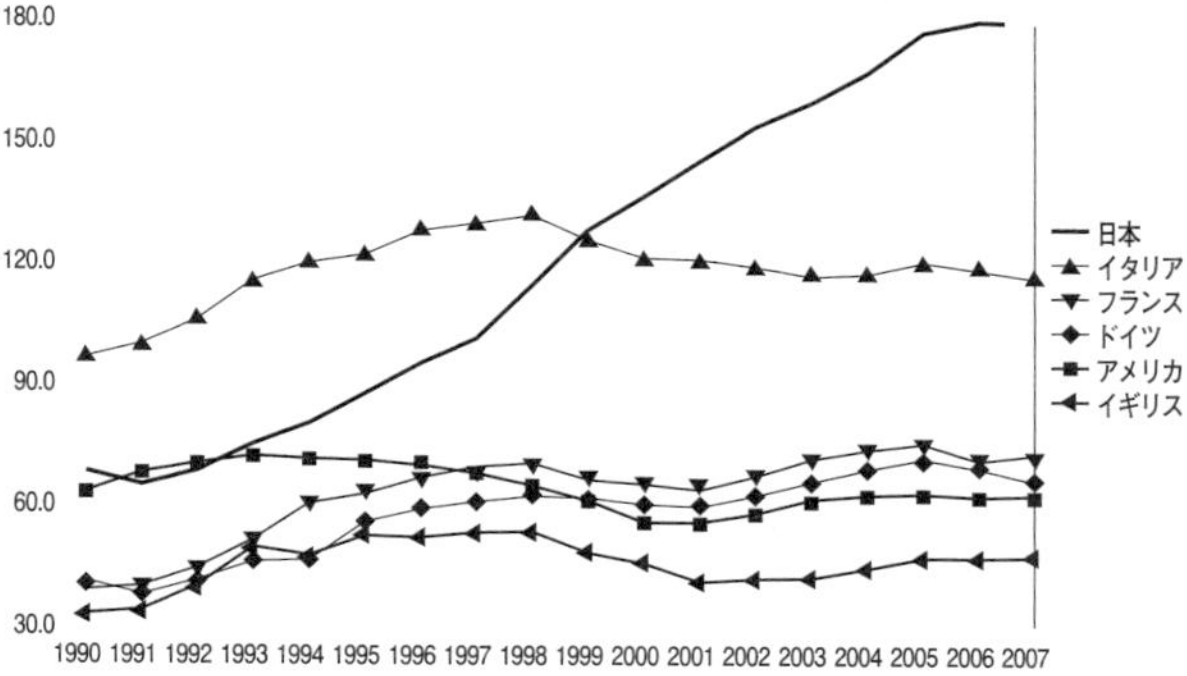

OECD Economic Outlook 82 より
純資産(政府保有資産と相殺したもの)で見ればイタリア並になるものの、本来債務の返却用ではない資産をあてこむのは「まだうちには資産があるから大丈夫」と言って浪費をやめない生活破綻者と同じ論理だ。あくまで税収のみで賄うのが、次世代を考慮した健全な財政の姿である。

そうな気がしないでもない。だが仮に彼らが九〇年代を通じて単独政権であり続けたとしても、もう一方の選択肢を選んだだろうか？　とても無理な話だろう。『資本論』以来、彼らは労使という軸でしか物事を見ようとしない。労働者を搾取するのは常に資本家であり、グローバライゼーションもＩＴも、そして年齢給の弊害も考慮することなどできはしないのだ。である以上、共産主義日本も、現在とまったく同じ道を辿ったに違いない。

†労働者が正当な対価を受け取るために

言っておくが、自分は別に戦犯探しをしろと言っているわけではない。これは日本社会すべてが向き合うべき問題であり、そしてそれを怠ってきたという事実を述べているだけだ。だが、スケープゴート論で論点をぼかし、結果的に問題の解決を遅らせてしまっている既存左派に対しては、激しい怒りをおぼえる。

五〇代以上は逃げ切れるかもしれない。でも四〇歳未満は、どこにも逃げる場所なんてないのだ。グローバル化の荒波の中を、上の世代が食い散らかしたツケを背負って乗り切らねばならないのだから。

とりわけ、非正規雇用労働者を待つのは過酷な運命だ。現在の年金制度は、もともと自営業者と正社員だけを想定して設計されたものだ。九〇年代、既得権者の都合で新しく生み出された彼ら非正規労働者は、このまま行けば、おそらく「無資産・無住居・無職」という状態で、六〇代に突入するはめになる。仮に彼らが六五歳まで仕事にありつけたとしても、その後、月六万円程度の基礎年金だけで生活できるとはとても思えない。もしこのまま何の抜本的解決もされず（たとえば最低時給一〇〇円引き上げというような〝ガス抜き政策〟でお茶を濁せば）、ホームレスに転落する可能性はけして低くはないはずだ。

彼らが橋の下で眠り、路上で息を引き取る時、彼らに代わって安楽な老後を手に入れた老人たちは、既に永眠しているだろう。いや、しぶとく生き残っていれば、きっとこう言うに違いない。

「改革なんて馬鹿なことをしようとしたから、あんな可哀想な人たちが生まれたのです」

それは断じて違う。改革をためらったがために、彼らは路上で死ぬことになったのだ。

では今、何をすべきか。逃げられない以上、前に進むしかない。それは改革を推進し、既得権を徹底的に打破することだ。構造改革の本質とは、新たな利益の再分配モデルを作り出すことであり、従来型のシステムで飯を食っていた人間から、そうでない階層へ利益を回すことだ。そしてそれは、国債をばらまいて老人だけが逃げ延びることでも、中高年の正社員だけに安定した雇用を保証することでもない。各労働者が、正当な対価を受け取れるようにすること、そのために障害となる規制を取り払う点にある。それこそ、二一世紀の労働運動が目指すべき道だ。

老いた左派は、既得権の分配に応じるだろうか。まず無理だろうし、一々相手をしてやる必要もない。連中は用済みだ。ほっておいても一〇年もすれば、支持者と一緒に棺桶に入るべき運命だろう。

ただし、彼らは全力で、自分たちの価値観を次世代に押し付けてくるに違いない。格差という不満を取り込んで、自らの腐った体を延命させようとするだろう。若者はけしてそれに乗ってはならない。対立軸は従来の右左ではなく、世代間にこそ存在するのだ。その壁を壊す動きであれば、その発案者が資本家だろうが自民党だろうが、乗り込んで利用しつくすべきなのだ。

実は、ラジオ出演を通じて一度、赤木氏とは会ったことがある。控え室にぽつんと座る彼は、別に軍服も日の丸鉢巻もしてはいない。ごく普通の青年だった。

自分たちの価値観と違う人間はすべて右翼なのか。それとも、時代の変化と共に、線引き自体が変わりつつあるのか。決めるのは政治家でもメディアでもなく、二一世紀を生きる我々自身だ。

コラム❸ 格差のなくし方

〝格差〟の解消策について、もう少し具体的な方向性をまとめておきたい。多少めんどくさい話にはなるが、非常に重要なことなので飛ばさず読み進めて欲しい。

前項において、正社員と非正社員の間の垣根を取り払うと書いた。垣根とは、年齢給であり、上がったら下がらないという慣例だ。要するに、「賃下げ」や「降格」など、労働条件の不利益変更を柔軟に認めるということである。というと、自分の賃下げを気にする人がいるかもしれないが、現時点での年齢給分については、五年間据え置き等、何らかの移行措置をとってもいい（その辺は労使の取り決めに任せればいい）。重要なのは、法律、判例による余計な縛りを取り払うことであり、それによって利益分配は必ず適正化に向かうことになる。

もちろん、今日明日というわけにはいかないだろうが、年齢給というカルチャーを薄めて、現在の二〇代、三〇代（特に頭数の多い団塊ジュニア）が保守化することを防がないといけない。彼らがこのまま年を取って保守化すれば、ロストジェネレーションと正社員の間でも利害が対立し、もう抜本的な改革は困難となってしまう。

では、垣根を取り払うことで何が起こるのか。図③を見て欲しい。現在、ダブルスタンダードのせいで、「雇用リスクもコストカット圧力も、しわ寄せはすべて非正規側に押し付けられてしまう。規制を緩和してやることで、正社員に対しても賃下げ圧力は向かうことになり、ゆくゆくは「記事一本いくら」という適正な労働相場が形成されることになる。何のことはない、これが職務給だ。

「そんなに上手くいくのか?」と思う向きもあるかもしれないが、規制の無い派遣業界では、とっくに職務給ベースの労働相場が成立しているのだ。初級プログラミング二〇〇〇円、CADオペレーター二五〇〇円という具合に、こっちの世界では仕事に値札がついている。問題は、根拠のない一方的な正社員保護のおかげで、彼ら非正規に降りていくパイが実体以上に少なくなっているという点なのだ。

図③　職務給概念図

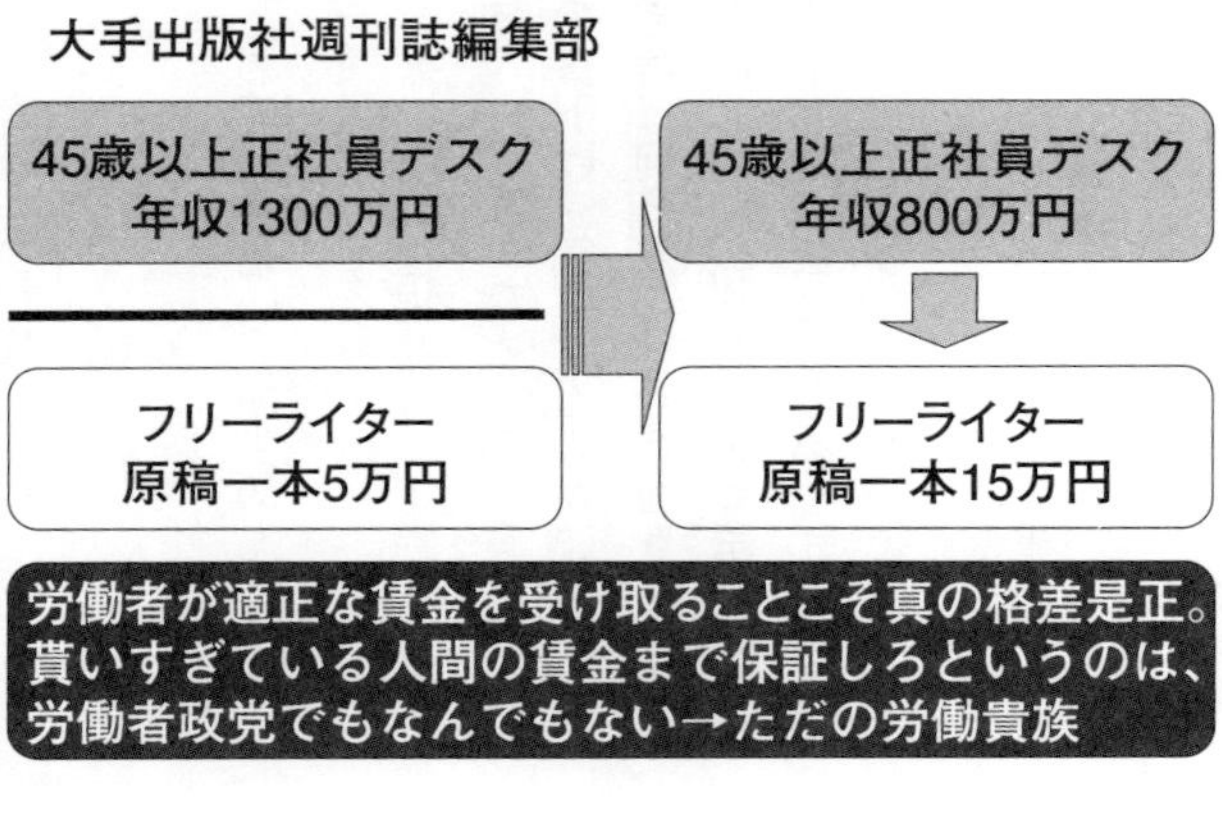

そして、ダブルスタンダード解消には、パイ以外にもう一つ重要な意味がある。それは格差固定の是正だ。従来、正社員の年齢給のおかげで、一度非正規に落ち着いてしまった人間はなかなか這い上がることが難しいという弊害があった。これがフリーター高齢化など、格差の固定につながっているのは言うまでもない。

雇用現場からはじき出されるのは、年齢給でコスト高になる中高年、そして勤続年数に穴が空き、結果的にコスト高になる可能性の高い女性も同様だ。職務給が正社員にも普及すれば、基本的に年齢を理由にフリーターや中高年、女性を弾く必要はなくなるのだ。

二一世紀において、グローバル化は一層進むに違いない。日本においても非正規雇用自体が無くなることはないだろう。であれば、格差を縮小させる対策と同時に、格差を固定しないための対策が必須となる。どういったバックボーンの人間に対しても機会を与え、資産とキャリアを積む道を準備し、それでも漏れてしまった人に対してセーフティネットを整備すべきだ。改革の本丸をすっとばしてセーフティネットの整備だけを進めようとするのは、ただの手抜きでしかない。

現在、一部野党が掲げている最低時給引き上げ法案のようなものは、もちろん悪い話ではないが、それだけでは上記の観点から言えばまったくの力不足だろう。年収二〇〇万円が二五〇万円になったところで、資産もキャリアも得るのは困難なままだ。そしていったん不況が到来すれば、クビを切られるのは高給取りの正社員ではなく、立場の弱い非正規だという事実も変わらない。そう考えると、この方策も本質的には問題の先送りでしかない。

ここで問題となるのが、果たして雇用労働者の六割以上を占める正社員が、年齢給という既得権の（部分的な）放棄に応じるだろうか、という点だ。だが、冷静に考えてみれば、必ずしも正社員全体が損をするわけではないということがわかる。

まず世代間格差が重要な鍵となる。同じ企業であっても、四五歳以上の正社員とそれ以下では、ポストや基本給といった処遇に大きな差が出ることは既に述べたとおり。たとえばバブル世代なら課長以上に昇格できるのは四人に一人という状況だ。彼らにとっては、既得権を見直し、場合によっては降格（つまり椅子が空くわけだ）もありえる改革は、狭き門を広げる意義がある。職場に無能な上司や、仕事の割に高給取りな先輩がいるという正社員であれば、この改革を支持する理由は十分にある。

このことは、日米の労働分配率（企業の稼ぎのうち、どれだけ労働者に支払ったか）を比較すれば一目瞭然だ。日本の場合、賃金は強い下方硬直性（要するに一度上がったらなかなか下がらない）を持つため、不況に突入すると高止まりし、経営を圧迫する。九二年以降の非正規雇用の急増と、成果主義による昇給抑制は、労働分配率の上昇とピタリと一致する。まさに

「若者は既得権を守るために踏み台にされた」わけだ（図④）。

昨年あたりから、好況にもかかわらず給料が上がらないと嘆く声がしばしばサラリーマンの間から聞こえてくるが、要するに「既に給料が上がってしまった人」のおかげで、分配率が高止まりしているためだ（実際には余裕はあっても、一度上げてしまうと下げられない恐怖から、企業側は一時金での支払いにシフトすることになる）。

「経営者報酬は上がっているから、やはり経営者が悪いのだ」と、必死に矛先を逸らそうとする左派論者もいるが、騙されてはならない。確かにここ数年、大手企業の役員報酬は上昇傾向にあるものの、それはメーンバンク制から金融市場を中心とした直接金融に移行する過程で、経営陣に対する株主代表訴訟のリスクが高まった結果に過ぎな

図④　日米労働分配率比較

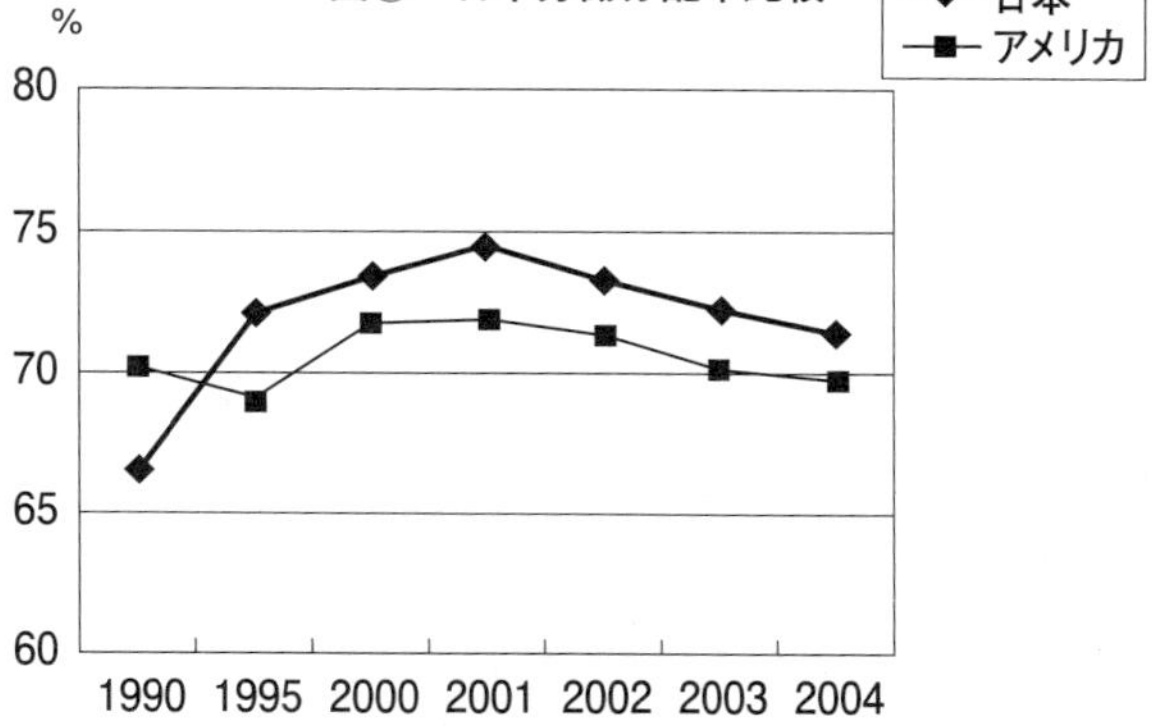

（『国際労働比較2007』より）

い。事実、「非上場の子会社役員ならいいけれど、上場企業の役員だけは勘弁してくれ」という部長さんは、自分の周囲にも何人もいる。

中にはどさくさに紛れて報酬を引き上げた経営陣もいるだろうが、従業員五〇人未満の中小ならともかく、大企業の役員報酬が少々上がった程度で、従業員の昇給を圧迫するなんてことはありえない。給料が上がらないのは、けして経営者が私腹を肥やしたわけでも、アメリカの陰謀でもなく、世代間の格差こそが原因である。

一方、年俸制にくわえ、原則解雇自由のアメリカの場合、労働者の取り分は常に安定し、分配率を見ても常時三パーセントの枠内におさまっている。確かにアメリカ型には安定感

図⑤　キー局コンテンツ制作費の流れ

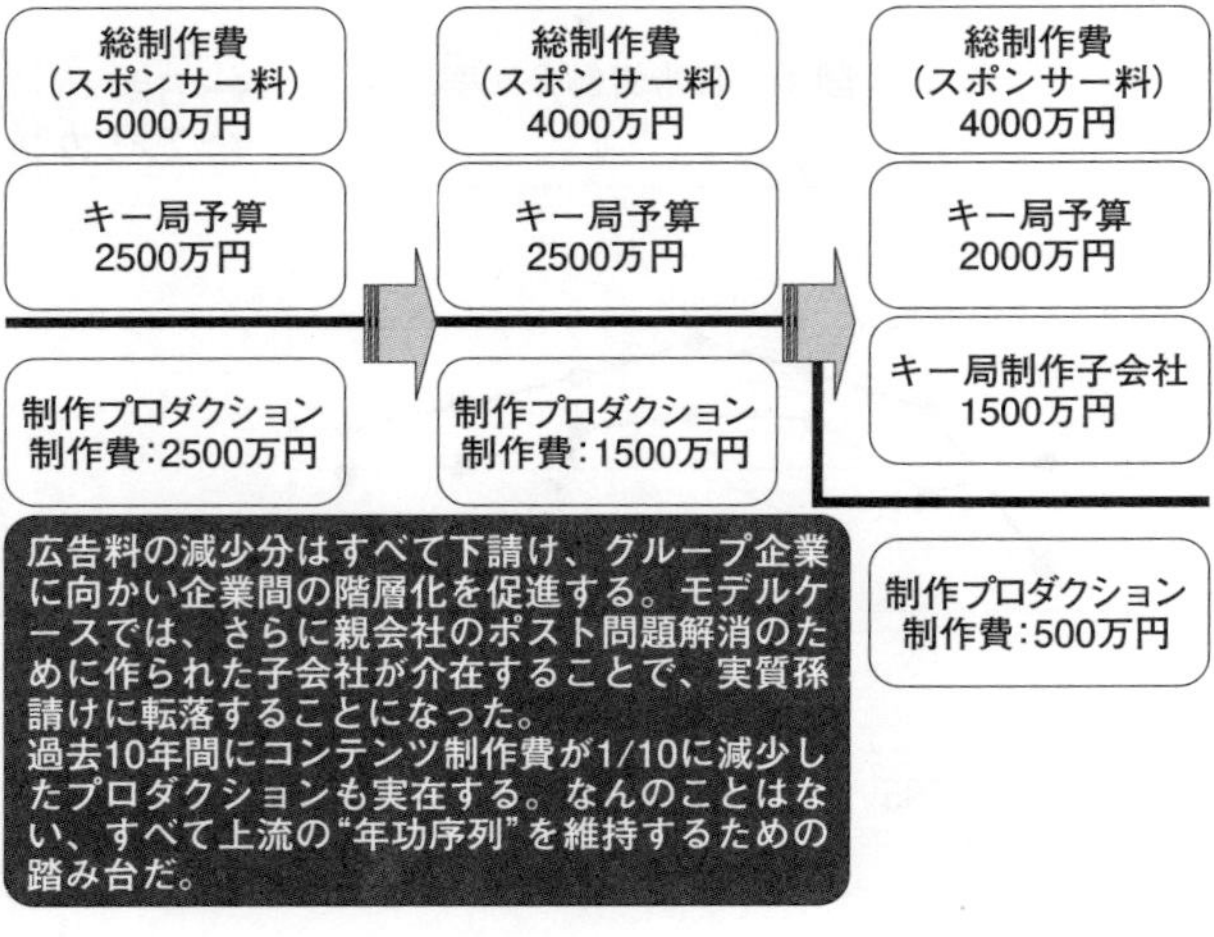
総制作費（スポンサー料）5000万円
キー局予算 2500万円
制作プロダクション 制作費:2500万円
総制作費（スポンサー料）4000万円
キー局予算 2500万円
制作プロダクション 制作費:1500万円
総制作費（スポンサー料）4000万円
キー局予算 2000万円
キー局制作子会社 1500万円
制作プロダクション 制作費:500万円
広告料の減少分はすべて下請け、グループ企業に向かい企業間の階層化を促進する。モデルケースでは、さらに親会社のポスト問題解消のために作られた子会社が介在することで、実質孫請けに転落することになった。
過去10年間にコンテンツ制作費が1/10に減少したプロダクションも実在する。なんのことはない、すべて上流の“年功序列”を維持するための踏み台だ。

はないかもしれない。だが同時に、既得権も世代間格差も存在しない。少なくとも、まだ先の長いサラリーマン人生が待っているという人間なら、どちらが得かは一目瞭然だ。

そしてもう一つ重要なポイントが、企業間格差の問題だ。図⑤のように、企業内におけるコストカット圧力は、通常外部への支払い抑制という形で実現する。多くの場合、それは下請けや子会社へのコストカットとなる。企業内での人件費カットが困難なためだ。世界的にも類を見ない日本の企業規模別ピラミッド構造は、ここに原因がある。日本においては社内はもちろん、企業同士も規模によって緩やかなピラミッドを形作っているわけだ（図⑥）。

反対に、企業内で柔軟な職務給の運用が行われている欧米なら、適正な労働相場が形成され、企業規模でここまで搾取的な格差が生じることはない。年功序列

図⑥　賃金の企業間格差

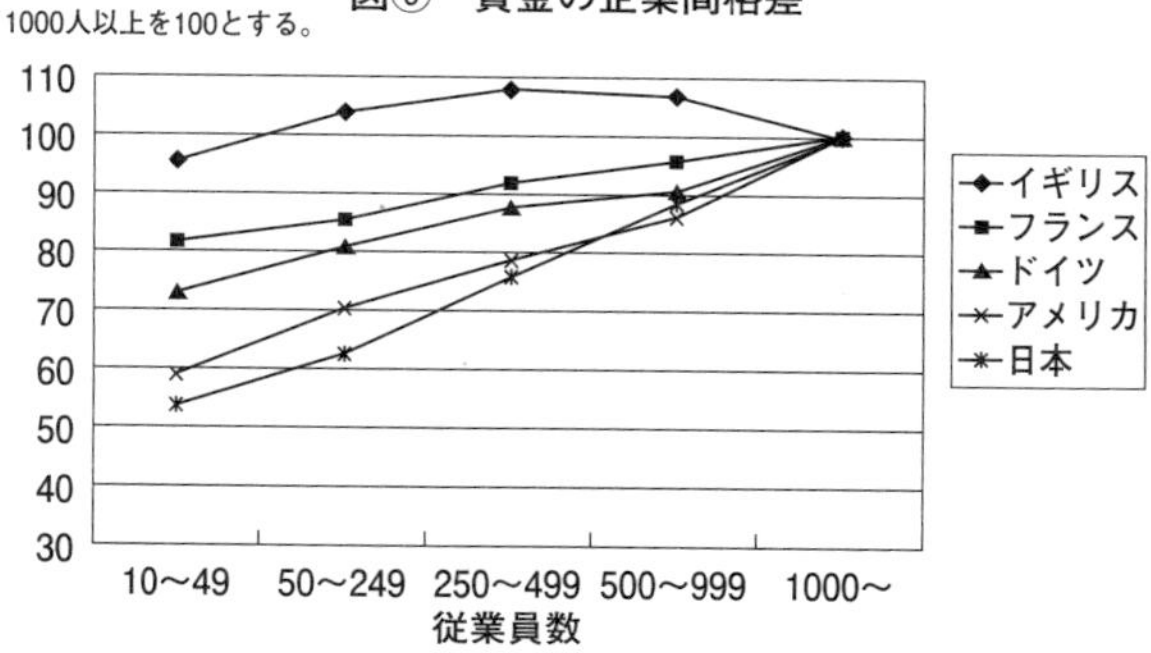

（『国際労働比較 2007』より）

制度の弊害について話をすると、「中小企業の一部では、以前から首切りや賃下げが普通に行われている」という指摘を受けることがある。だからこれ以上の規制緩和は、より一層賃下げを生むだけだから勘弁して欲しい、というロジックだ。だが、適正な労働相場が形成されれば（つまり、この仕事はいくら、という値段が付けられるようになれば）むしろ企業間格差は縮小し、そういった中小企業の待遇は間違いなく向上するだろう。

さらに言えば、大手の子会社や銀行の取引先には、〝民間版天下り〟として、本体でのポスト争いに敗れた中高年が多く送り込まれている。もちろんヒラではなく、多くはそれなりのポスト付きで、会社によっては「歴代社長はすべて本体のお下がり」という植民地なみの子会社も珍しくない。くだらない横並び主義さえ廃せば、こんな歪んだ人事は無くなるのだ。

一言でいえば、労働条件における一定の規制緩和は、人材の流動化をもたらすものだ。それは企業間はもちろん、企業内でも賃金、序列の流動化という形で実現する。つまり、ピラミッドの頂点に位置する大企業の、それも一定の出世を遂げた中高年以外の労働者にとっては、むしろこれはチャンスと言えるだろう。

人によっては、アメリカ型の競争社会を連想する人もいるかもしれないが、それで十分ではないか。今の日本は競争すらない、封建制度みたいなものだ。企業内では年齢で選別され、待遇から仕事まで厳しく統制される。そして大企業や既成業種は、子会社や下請けを苛め抜いて、自分たちの既得権にしがみつく。まさに直参旗本と陪臣（大名の家臣）の関係だ。「その垣根の中で分相応に生きることこそ幸せなのですよ」と教える昭和的価値観は、江戸期における朱子学か、インドのカースト制度のようなものだ。そんなものは一度壊して更地にした方がいい。

本書が世に出る頃には、国会において労働契約法案が可決されているはずだ。当初、例のホワイトカラーエグゼンプションとセットで出された法案のため、あまりイメージは良くないものの、はじめて労働条件の不利益変更について明記した画期的な法律といえる。

確かに劇薬には違いない。それは、既得権を打破するための強力な武器になる。そして経営サイドも間違いなくそれをにらんで導入を進めてきたものだ。だが使い方を誤れば、さらなる若年層への締め付け強化に利用され、世代間格差はさらに拡大するリスクもある。法案に明記された規準は非常に曖昧で、恐らく労使の間で運用を巡って激しく意見が対立するはずだ。従来どおり彼らだけに一任しておけば、既得権は丸々温存され、会議に出席していない若年層に一方的に不利な形でツケが押し付けられてしまうだろう。そう、九〇年代の労使交渉とまったく同じ構図だ。

「従業員を減らしたい」「リストラは断じて認められない」↓「非正規で代用しよう」

「成果主義を入れて賃金抑制したい」「賃下げにつながる改革には反対だ」↓「これからの昇

給昇格のハードルを高くしよう」

九〇年代を通じ、既存社員の雇用維持のために非正規雇用の増加を黙認してきた経緯は、当の連合が認めている事実だ。若年層が従来どおり〝まかせっきり〟にしてしまえば、同じことが繰り返される可能性は十分ありえる。だが、格差是正と既得権打破のためには、この道は避けられない。その時に重要となるのは、国民一人ひとりがどこまで昭和的価値観を捨てていられるか、という点だ。特に二〇代、三〇代は意見を集約し、議論の場に積極的に打って出ねばならない。あらゆる企業、組織内はもちろんのこと、社会全体においても、世代間の対立を先鋭化させるのだ。

恐らく、連合や左派勢力といったリヴァイアサン達は、全力でこの改革を潰そうとするはずだ。その動きに既存メディアも同調するだろう。彼ら自身がカースト制度によって既得権を得ている身であり、フリーライターや制作会社の犠牲の上に成り立つエスタブリッシュであるためだ。本節において、あえてメディアをサンプルとした理由はそこにある。実際、格差是正を謳う大手新聞社の中には、フリーライターを使って自社の雑誌紙面の半分を作らせているような会社もある。同一労働同一賃金が導入されて、困るのは誰か？　おぼえておくといい。「改革反対！」「規制緩和阻止！」という論説を書いている人間は、四〇代にして二〇〇〇万ものサラリーを、規制によって保障された特権階級であるということを。

彼ら反対勢力の主張の真贋を見抜くには、その主張の先にどんなビジョンがあるかを考えるとよい。拡大する格差を持ち出して改革を非難するのなら、まったくの本末転倒だ。一連の改革がまだ入り口に立ったに過ぎない段階でのそれは、単に既存システムの破綻を示しているに過ぎない。

「昔は良かった」という老人の回顧も無価値だ。成長率が五％以上あった時代は、誰が考えたって良かったに決まっている。今はいかにして、破綻しつつあるシステムから、新たな成長を産むシステムへ切り替えるのかを議論しているのだ。

ただやみくもに「労働者の権利を守れ！」というような主張にいたっては、一々取り上げるには値しないだろう。真の公平を実現するために、もらいすぎている人間の権利を制限するのは、本来の左派の主張でもある。そして、老人はけして弱者ではない。

確かに、改革である以上、誰かが痛みをともなうには違いない。だがそれは正しい道である証であり、この十数年間、皆が避けてきたことでもある。いつまでも「給与が下がるなんておかしい」「いっさいがっさい、全部資本家の陰謀だ！」とやっていては、この国はいつまでたっても二一世紀を迎えられはしないのだ。国民一人ひとりが、従来の古い価値観に縛られることなく、大局的な判断ができることを祈ってやまない。

あとがき

本書を読み終えた人の中には、ひょっとするとある疑問を持つ人もいるかもしれない。「九〇年代以前の日本型に戻すのか、それともアメリカ型の競争主義を理想とするのか」どちらもちょっと違う。まず従来の日本型システムは、けして理想的でも万人に公平でもなかった。霞ヶ関におけるキャリアとノンキャリアの壁に見られるような学歴偏重主義だったし、女性差別はいまだに根強く存在する。過労死、残業、転勤地獄といった日本名物も、年功序列の副産物だ。そもそも年功序列制度とはあの時代だからこそマッチしたシステムであり、現在の経済状況で維持するのは不可能だ。

「昔のように全国に公共事業で金をばらまけばいくらでも景気は良くなる」という保守本流主義者もまれに生き残っているが、東京から全国に金をばらまく国債依存型のシステムはとっくに限界を超えている（九九年の段階で家計資産の純増金額が国債新規発行額を下回るようになってしまった以上、そう遠くない将来、国債の買い手自体が尽きるはずだ）。

かといってアメリカ型が理想というわけでもない。新自由主義的な方向に舵を切ることは世界的な流れであり、日本もそれに従うべきなのは間違いないが、アメリカのように原則解雇自由とまで踏み込む必要はないし、公的医療や年金など、一定の社会保障は今後も維持し続けるべきだろう。そもそも、上記二種類の線引きしか出来ない人は、骨の髄まで昭和的価値観に染まっている人であるはずだ。

僕が言っているのはまったく別の話で、もっと単純なことに過ぎない。具体的には「労働者が適正な報酬を得られるシステム」を確立し、次世代をにらんだ利益配分システムを作り上げることだ。と書くと、既存労働者政党と何が違うのかと言われそうだが、彼らとはけして相容れない決定的な違いが一つある。というのも、本来時給三〇〇〇円の人間を一〇〇〇円でこき使うのは悪だが、時給一〇〇〇円分の仕事しかしない人間が三〇〇〇円もらう事もやはり悪なのだ。この点を受け入れない限り、彼らは若者の味方ではなく敵である。

一向に上向かない出生率や、高止まりし続ける自殺件数、そしてエリートの日本企業離れといった問題は、僕にはいずれも同じ根っこを持つ問題に映る。それらに正面から切り込むことなしに、体の良い先送りを続けるだけでは、日本がこの先も発展し続けることは困難だろう。

上記の目指すべき社会を、個人の生き方で説明するなら、それは多様化ということにつきる。大きく分けるなら、人生のすべてを自己啓発と仕事に捧げても、物質的に成功したいと願う人がいる。かたや、夕方までぼちぼち働き、そこそこの暮らしを望む人もいる。それぞれがそれぞれの生き方を可能とする社会こそ、目指すべき方向だ。

　従来の日本社会は、どっちのタイプもひっくるめて、過酷な滅私奉公を強いてきた点に問題がある。いや、それでそこそこの暮らしが出来たのならまだ良いが、そこまでやらせといて生涯ヒラ、定期昇給無しなんて、もうブラックジョークとしか思えない。社会全体としてワークライフバランスを受け入れる価値観が必要だろう。

　さらに言えば、教育↓新卒採用というパイプラインから漏れてしまったロスジェネ達の中には、本来は競争型としてバリバリ活躍したい人間もたくさんいる。彼らを上の世代と同じ土俵に引き上げてやることも必要なのだ。僕が目指す社会を簡単に述べれば、そういう弾力性のある社会となる。

　そういう意味では、チョンマゲと共に古い価値観を捨て、青年に志、つまり新たな価値観の重要さを説いた明治の先人達は、実に見事だったと言える。かたや、既得権に固執し、若者を騙して懸命に搾取しようとする現代日本人は、なるほど、この五〇年で確かに品性下劣に成り下がったものだ。

　では、本書に述べたような改革の成否はどうなるのだろうか？　果たして既得権者と持たざる人間の間に、理解と協力は成立しえるのか？　まったく合意が成り立たなかった場合、状況はさらに混迷を深め、格差は今後さらに拡大するはずだ。もっとも、ある段階で、つまり国全体がにっちもさっちもいかなくなってから、抜本的な改革はスタートするはずだ。

ちょうど七〇年代のイギリスがそれに近い。肥大した国営企業と無節操な福祉が生む赤字が財政を圧迫し、IMF支援を受けるまでに落ち込んでも、労組と左派は現状路線の維持を主張し続けた。サッチャーが登場し、既得権に大鉈を振るうのは、国民の多数が既得権層の主張にうんざりしきってからの話だ。日本がこのまま現状維持で進んだとしたなら、それが可能となるのは恐らく一五年以上先。団塊世代が揃って社会保障の受け手に回り、ロストジェネレーション世代の非正規労働者が生活困難となってからの話だろう、そして彼らを救済する余力は、その頃の日本には既に残されてはいないはずだ。そうなってからでは、もうすべてが手遅れなのだ。

一方、世界には成功例もある。一九八二年、オランダで政府、労組、経営者の三者代表の間で結ばれたワッセナー合意だ。この中で、正規と非正規の格差解消のために、政府は労働市場の規制緩和と労働法を改正すること、経営側は従業員の多様な労働を認めること、そして労組は、賃上げを含む待遇の向上要求を凍結し、失業率改善のための労働時間短縮（つまり実質的な賃下げだ）を受け入れることで合意に達したのだ。その後一〇年以上の月日を要したものの、現在の同国では正規と非正規の格差はほぼ完全に消滅し、労働者は自分の意志で、どちらのワークスタイルも選択できる社会を実現している。

少なくとも現在の日本は、八二年当時のオランダとまったく同じ状況で、改革の論点もきわめて近いといえる。違うのは、左派勢力が既得権死守のために奔走していること、そして、本来国民に正しい論点を示すべきメディアが、〝リベラルづら〟を見せつつ、ちゃっかりと既得権擁護に回っている点だ。その意味では、地道に国民を啓発していくことの重要性は常に痛感している。三者、そしてそれらを構成する国民が正しく論点を認識すれば、日本においても何らかの合意に達することは不可能ではないはずだ。

ただ、現状では非常に厳しい。どれだけ論じようと、一ミリでも既得権を侵す改革であれば「弱者を切り捨てるな」と悪にされ、一円でも老人の取り分を減らす見直しが行われれば「労働者の権利を守れ」と叫ばれる。少なくとも僕自身は規制緩和や構造改革で一円の利益も得てはいないが、きっと彼ら昭和人間は、IT長者や人材派遣業者同様に「資本家、勝ち組のエゴイスト」として非難するはずだ。今でも既存メディアや、それを頼りにする大多数の市民にとって、若者は強く、忍耐不足で、エゴに満ちたケダモノでしかない。社会にとって彼ら若者は、今の社会に合うよう訓練され、飼いならされないといけない存在なのだ。その中で、たった一冊の新書が果たせる役割は糸のようにか細いものでしかない。

ふってわいたような売り手市場の到来も、望まない副産物を産んでしまっている。学生の意識調査などを見れば、彼らが企業に求めるものに「安定性、終身雇用」といったキーワードが際立って目に付く。求人倍率についても、従業員数一〇〇〇人以上の大企業に集中する形で底上げされているのが現実で、一言でいうなら昭和的価値観のゆり戻しが起きているのだ。バブル崩壊による混乱も、ロストジェネレーションの現実も、彼らは過去の思い出として忘れ去ってしまうかもしれない。いや、少なくとも職種などにはこだわらず、大手企業ばかりエントリーして回るような若者は、既に昭和の世代にとんぼ返りしているはずだ。

バブル世代を見れば明らかなように、年功序列制度において重要なのは、入り口ではなく二〇年後の話だ。このままではいずれ彼らの多くは、三五歳を超えたあたりで途方にくれ、レールの上で行き詰まるだろう。そしてまた不況が来れば、第二、第三のロストジェネレーションが生まれ、ますますこの国の人間は減る一方だ。

しかし、一筋の光明はある。年功序列システムは、実は一つの致命的な矛盾を含んでいる。それは「若者の権利を否定する一方で、その若者の力無しには生き延びられない」というものだ。その一点を突いてやりさえすればいい。要するに、若者はワガママになるべきなのだ。それもとんでもなく自己中心的で反抗的な態度をとるといい。

あくまで仕事のやりがいを求める人であれば、「あんたより俺のほうが優秀だから、今すぐ部長ポストをよこせ」だの「あいつの給料を減らしてその分こっちに回せ」だの、どんどん主張して構わない。

また、ワークライフバランスを重視したい人なら、「満員電車がいやだから在宅勤務を認めろ」「広い賃貸に住みたいから、郊外にオフィスを移せ」など、快適な職場環境を手に入れるために積極的に主張すべきだ。有給休暇完全取得やノー残業宣言はもはや当たり前すぎて言うまでもない。

それらが受け入れられないならば、転職すればいいのだ。それに近いものを提供できる会社は必ず存在するし、今後さらに増えるだろう。上記のような主張は諸外国では当然のように主張され、そして多くは実現できている。すし詰めの満員電車に乗って、休暇も使わず、深夜まで働かねばならない時代はもう終わったのだ。そういう意味では、ワガママになるべきなのは年長者も同じことだろう。そういった個人の犠牲を正当化するための見返りも大義名分も、日本企業は既に失っているのだから。

新卒三年内離職率は三五パーセントを超え、さらに上がる勢いを見せている。本書で述べたような新たな価値観の芽生えも、レールの無かったロストジェネレーション世代を中心に、日本中いたるところで強く感じられる。この新たな芽を絶やさず育てていければ、いずれ彼らの考え、主張は周囲に広がり、そしてアウトサイダーはアウトサイダーでなくなるはずだ。個人的には、離職率は四割程度までは上がると考えている。そうなれば、通常の企業形態はもはや維持できなくなる。

幸い少子高齢化の影響で、数は少なくとも若年層の発言権は増す一方だ。どれほど新たな価値観を否定しようが、これに向き合うこと無しに、企業は人材の確保をスムーズに行うことは出来ないだろう。それでも変化を受け入れようとしない企業はどうするか。とっとと市場から退出願うまでだ。彼らには若者の力無しに、新興企業群や外資系企業と立派に渡り合えることを証明してみせる義務がある。

彼ら二〇代、三〇代の若者に事実を示し、再び昭和の夢にまどろむことのないよう覚醒を促すことが、本書の狙いである。

現在、ロストジェネレーションは続々と三〇代に突入し、若者のカテゴリーから外れ始めている。フリーター（統計上一五～三五歳のアルバイト労働者）の数が徐々に減りつつあるのは、別に再チャレンジ政策のせいではなく、企業が多様化したわけでもなく、単に三五歳を超えて統計上〝ロスト〟したためだ。あの時代の経験、芽生え始めた新たな価値観を、このまま押し流してしまうわけにはいかない。それが、今年〝若者〟を卒業する僕自身の、同世代としての最後の義務だと考えている。

＊本書は、「Ｗｅｂちくま」連載「アウトサイダーズ　平成的生き方のススメ」（二〇〇七年二月〜一一月）に加筆訂正したものである。

ちくま新書
708

3年《ねん》で辞《や》めた若者《わかもの》はどこへ行《い》ったのか
――アウトサイダーの時代《じだい》

二〇〇八年三月一〇日　第一刷発行

著者　城繁幸（じょう・しげゆき）
発行者　菊池明郎
発行所　株式会社筑摩書房
東京都台東区蔵前二―五―三　郵便番号一一一―八七五五
振替〇〇一六〇―八―四一二三
装幀者　間村俊一
印刷・製本　株式会社精興社
乱丁・落丁本の場合は、左記宛に御送付下さい。
送料小社負担でお取り替えいたします。
ご注文・お問い合わせも左記へお願いいたします。
〒三三一―八五〇七　さいたま市北区櫛引町二―六〇四
筑摩書房サービスセンター
電話〇四八―六五一―〇〇五三

ISBN978-4-480-06414-1 C0236